内井惣七

ライプニッツの情報物理学

実体と現象をコードでつなぐ

中公叢書

まえがき

　ライプニッツは、動力学（ダイナミクス）という言葉を作った人だが、自分の動力学を完成させることはできなかった。しかし、彼の力学理論は、とくに1695年以後、つねに形而上学と関係づけられており、そのことをしっかり意識して両方をつき合わせて読まなければならない。そういう読み方をしてはじめて、どちらも多数の啓発的なアイデアや構想に満ちあふれていたことがわかる。本書は、この読み方で得られた成果である。

　わたしがライプニッツを読み始めたのは相当遅く、定年退職の数年前からにすぎない。当時、空間と時間の哲学に立ち入った関係で、ライプニッツの時空論を調べ始め、ついでに後世の人が「モナドロジー」と名づけた彼の後期形而上学も読み始めて驚いた。ライプニッツの形而上学は、中世哲学やアリストテレスの「古色蒼然」たる用語を引きずっているのだが、語られている内容は実に斬新で、20世紀の情報理論とすぐに結びつきそうな感触を得たからである。「モナドは非物質的なオートマトン」という言葉に打たれて仰天。「オートマトン」とは、現代の情報理論のキーワードの一つで、入力と内部状態とから自分の出力と次の状態を自動的に決めていく情報

機械のこと。そこで、「彼の力学上のアイデアと構想を情報理論の観点から読み解けばどうなるだろうか」という発想が生まれた。

　しかし、この発想が本書の具体的な構想に結実し始めたのは、つい数年前のこと、ヴィンチェンツォ・デ・リージ (Vincenzo De Risi) の『幾何学とモナドロジー』(2007) を読み始めてからである。出版されてすぐに購入したのだが、何しろ650ページを超える分厚い本なので、しばらく敬遠して放置し、読み始めたのは2013年の正月からだった。この本を読まなければ、本書の構想は生まれなかっただろうし、執筆する馬力も出なかっただろう。しばらくおとなしくなっていたわたしの学問的闘志にふたたび火がつき、形而上学と幾何学、あるいは空間論とにつながりがつくのなら、力学も時間もつながるはずだと確信した。実は、この本を読み始めて以後、ツイッター上で始めた「モナドロジー、情報、物理学」という「哲学的試掘」(関西弁での連続ツイート) が本書の母体であり、これまでの成果は11本の英語論文となって、科学哲学の電子アーカイブ (PhilSci-Archive) に投稿されている。

　本書は3部よりなる。まず最初に、ライプニッツ哲学の大まかな紹介を兼ねて、「動力学と形而上学の二段構え」の構想がいつ頃から展開したのか、押さえておくべきテキストはどれとどれなのかを簡潔にまとめておく。これが第1部の第1章である。先に挙げた「1695年」という区切りの年の重要性は、すでに何人もの「ライプニッツ学者」たちの指摘するところである。しかし、この年にフランス語で出版された形而上学の論文から、ライプニッツの「情報論的転回」が読み取れることを指摘した研究は、あまり見たことがない。そこで、この点を強調するのが序論のポイントである。端的に言えば、「おとぎ話」と評されることもあるライプニッツの形而上学 (モナドロジー) は、20世紀に生まれた情報理論を先取りしたものだと解釈できる。そして、この線で読み解いていくと、実に筋の通った理論となっているだけでなく、これが彼の力学や時空論、いや、すべて

の科学理論の基礎に置かれるべき究極の理論とされている。それがどれほどの射程を持つのか、ひとつだけ予告してみよう。わたしがライプニッツ研究を始めてすぐに、ライプニッツの力学はアインシュタインの特殊相対論を含みうる理論だという感触があった。この感触は正しかっただけでなく、「甘すぎた」と言わなければならないほどである。

　第1部の本体部分では、力学と形而上学の関係を掘り下げ、わたしの「情報論的解釈」の展開を始める。ライプニッツの時代、あるいはそれから200年ほどの間、現代の情報理論を示唆するようなアイデアを見つけるのは難しい。もちろん、機械式の「計算機」のアイデアはライプニッツよりも前、パスカルにもあったことはよく知られている。しかし、機械式の計算機（ライプニッツ自身もその設計と製作に携わった時期がある）から、万能（汎用）計算機、プログラム内蔵計算機までの間には、質的なギャップがありすぎる。ところが、ライプニッツにあっては、「万能計算機」のアイデアがあっただけでなく、後世の計算機理論の基礎、オートマトンの理論およびプログラムとコーディング（暗号化を含む、異質なものの間での対応づけ）の概念が、これらの言葉こそないものの、「形而上学」の名の下である程度まで展開されていたというのが、わたしの読みである。一言で要約するなら、ライプニッツの「合理的な神」は、「究極のプログラマー」なのである。そして、第1部のテーマは、この情報理論が力学とどう関係するのか、力学をどのように基礎づけるのか、ということにほかならない。

　ライプニッツの形而上学を研究する人々は多い。しかし、情報理論と現代物理学とを踏まえた上で彼の形而上学を読もうという人は、洋の東西を問わず、希有である。それゆえ、わたしのライプニッツ解釈に対して最初から違和感を持つ人は数多いものと推測される。しかし、ライプニッツ自身が、「実体すなわちモナドの本性と構造を明らかにするための最善の道は、物理学、動力学の研究である」

という趣旨の発言を何度もしていることを想起しなければならない。今後、「情報理論と物理学を無視したライプニッツ解釈」は、あまり実りがなかろうというのが、わたしの率直な感想である。

　続く第2部では、拙著『空間の謎・時間の謎』で切り込んだ、空間と時間の問題が、ライプニッツの形而上学と動力学ではどのようになるかという分析を行う。ここは、前掲書の「続編」と見ていただいて差し支えないし、問題の掘り下げが、ライプニッツのおかげでさらに進んだと、わたし自身は考えている。「300年も前のライプニッツの哲学は時代遅れもいいところだ」と思う物理学者が（おそらく数多く）いらっしゃるなら、それは違う、とわたしは異議を唱えたい。空間と時間の本性について、ライプニッツの論述はいつも断片的で、力学と統合されたまとまった理論にはなっていなかった。しかし、彼の形而上学を注意深く読んでみた結果、形而上学から「時空の理論」に至る筋道が、最近の二年間でようやくわたしには見えてきた。そのカギは、意外なことに、モナドの世界が現象（われわれ人間が「自然界」「宇宙」と呼ぶものを含む）とはまったく異質で、「空間も時間もない」というところにある。この大きなギャップが、実は前述の、コーディングが必要なゆえんでもあり、また、ライプニッツの深い洞察力が発揮されたところでもある。現象の奥、あるいは背後に「実在」を想定しようとすれば、その実在は必然的に現象とはまったく異質なものにならざるをえない（それは、物理学の先端理論でも同じこと）。その点で、ライプニッツの洞察は実に透徹していたと感嘆せざるをえない。「科学的実在論」などという一般受けする哲学的主張とは、天と地ほどの差がある。わたしが到達した「ライプニッツの時空論」の再構成は、第2部では完結せず、第3部の「推測」まで続いてやっと一区切りとなる。その理由は、ライプニッツが重力の扱いに苦慮していたことにある。これに見通しをつけなければ、時空論の輪郭さえ見えにくい。

　最後の第3部は、ライプニッツのテキストをしっかり押さえたつ

もりの第1部、第2部とは少々趣が変わり、ライプニッツの力学の可能性、潜在的な威力と射程とを推定してみようという、わたし自身の知的冒険である。当然、先行する2部の成果を踏まえた上での話ではあるが、ライプニッツにも時代の制約や先入見ゆえの誤りや躓きがいくつかあったわけで、その障害を形而上学の立場に戻って訂正したとしたならどうなるか、という思考実験である。これも大方の「ライプニッツ学者」の方々には意外かもしれないが、運動の相対性と慣性の法則（ニュートンの第一法則で、力が働かない物体は等速直線運動をする、というもの）との折り合いの悪さにライプニッツが気づいていなかった点を衝く。わたしが到達したのは、慣性運動を直線運動であるとみなし、それに疑問を感じなかったのがライプニッツの力学研究の最大の躓きだったという結論である。しかも、この誤りを修正する道具立ては、彼の形而上学に内在していた。すなわち、「最適化原理」（物理学では、「変分原理」として知られる強力な原理であり、古典力学、相対論も量子力学も、これを使って体系化できる）が形而上学と力学とをつなぐ主要な道具となるはずだった。ところが、慣性の直線運動にこだわったライプニッツは、慣性の法則の形而上学的基礎づけを十分には行わなかった。慣性運動だけではない。彼が苦慮した重力の法則も、実はこの問題と密接に関係してくるのである。その点も含め、わたしの知的冒険は、二つの推測を経由して、ライプニッツの形而上学と動力学が、21世紀の物理学にさえ、まだ示唆するところ大であることを示す。これが、実のある推測であるならば、著者として最大の喜びである。

目 次

第1部 力学の基礎は情報の形而上学

第1章 ライプニッツの情報論的転回　15
1. 物理学と形而上学 　15
2. 『形而上学叙説』のツボ 　18
3. 「形相」が統一のもと 　21
4. 「新説」のどこに注目すべきか 　23
5. 「形相」は遷移関数に対応 　25

第2章 ライプニッツはなぜ「力」を導入したか　29
6. デカルト流物理学の批判 　29
7. 外延とは？ 　31
8. 運動の源泉は？ 　31
9. 物理学と形而上学の相互作用 　33

第3章 ニュートンとライプニッツ、「力」の比較　34
10. 動力学の著作 　34
11. 古典物理学の常識をいったん停止する 　36
12. ニュートンの運動三法則 　37
13. ライプニッツの力の分類 　39

第4章 慣性運動の扱い　44
14. 慣性運動と能動力 　44
15. 運動にはモナドの状態遷移が伴う 　47

第5章 活力と死力　49
16. 加速度はどうなるか 　49
17. 死力と活力の関係 　52
18. 物体の内部エネルギー 　54

第6章　衝突と運動の相対性　　57

- 19　運動の相対性　・・・・・・・・・・・・・・　57
- 20　相対性は衝突運動にも拡張される　・・・・・・・　58
- 21　ライプニッツ流の「活力保存」　・・・・・・・・　60
- 22　重心系への拡張　・・・・・・・・・・・・・・　62
- 23　すべての運動は直線運動から構成される？　・・・　64

第7章　『モナドロジー』での能動と受動　　66

- 24　ライプニッツ後期の形而上学　・・・・・・・・・　66
- 25　モナド間のコミュニケーション　・・・・・・・・　67
- 26　現象における作用とモナドにおける作用　・・・・　71
- 27　能動・受動の区別を本格的に解明するために　・・　73

第8章　チューリングマシンとプログラムの構造　　75

- 28　チューリングマシンとコード化　・・・・・・・・　75
- 29　プログラムの合成　・・・・・・・・・・・・・　80
- 30　リカージョンのリカージョン　・・・・・・・・・　81

第9章　『モナドロジー』とプログラムの多層構造　　85

- 31　単一のモナドと組織化されたモナド群　・・・・・　85
- 32　プログラムの多層構造と文脈依存性　・・・・・・　89
- 33　組織体の間での情報の流れ　・・・・・・・・・・　91
- 34　充満した世界では、情報は物体の境界を通じて伝達される・　95
- 35　ライプニッツのデモン　・・・・・・・・・・・・　96

第10章　動力学における能動と受動　　99

- 36　モナドの状態遷移、離散的なモデル　・・・・・・　99
- 37　動力学での能動と受動　・・・・・・・・・・・　102
- 38　力学法則をどう基礎づけるか？　・・・・・・・・　105
- 39　衝突運動のプログラム　・・・・・・・・・・・　107
-       第1部への注記　・・・・・・・・・・・・・　108

第2部　空間と時間の起源

第11章　「状況分析」と空間　　115
- 40　デ・リージの『幾何学とモナドロジー』　　115
- 41　幾何学的「量」、座標値とメトリック（計量）　　119
- 42　「状況分析」でのメトリックの扱い　　122
- 43　「状況」から「空間」へ　　123

第12章　時間はどうなるか　　126
- 44　デ・リージの誤解　　126
- 45　時間と時間の基盤　　128
- 46　クラーク宛第五書簡でのヒント　　131

第13章　ライプニッツ時間論を解読する　　134
- 47　アーサーの試み　　134
- 48　ライプニッツの「二重解釈」　　139
- 49　カヴァーの「世界状態」　　142
- 50　時間の基盤から量的時間へ　　144

第14章　モナド界のモデル　　146
- 51　有限モデルでも有益　　146
- 52　循環宇宙の可能性　　150
- 53　無限のモデルへの拡張　　153
- 54　無限の連続的モデル　　154
- 55　「コード化」に残される問題　　156

第15章　現象の時間　　159
- 56　時間の長さ　　159
- 57　運動の軌跡　　161
- 58　同時性は継続的知覚でもわかる　　164
- 59　二点間の距離、最短か直線か？　　166

第16章 運動の相対性と同時性　　　168

- 60 「アイデアの冒険」・・・・・・・・・・　168
- 61 古典的時間・・・・・・・・・・・・・　171
- 62 相対論的時間・・・・・・・・・・・・　173
- 63 ライプニッツによる再現・・・・・・・　178
- 64 「ライプニッツのデモン」はどうなるか？・・・・・・・　179
- 65 質量とエネルギー・・・・・・・・・・　181

第17章 慣性の法則と相対性　　　184

- 66 慣性法則と相対性の相性？・・・・・・・・・・　184
- 67 慣性の法則の基礎とは？・・・・・・・　188
- 68 最適化原理・・・・・・・・・・・・・　190
- 　　第2部への注記・・・・・・・・・・　194

休憩章　モナドロジーと音楽　　　195

- 1 音楽作品とその演奏・・・・・・・・・　195
- 2 複数の声部と全体の調和・・・・・・・　198
- 3 演奏の空間と時間・・・・・・・・・・　199
- 4 情報論的解釈の射程・・・・・・・・・　204

第3部　慣性と重力、ライプニッツ的構想の一つの形

第18章　ニュートンのバケツと慣性の法則　　　207

- 69 「相対性」にまつわる誤解・・・・・・　207
- 70 「等価原理」にまつわる誤解・・・・・　211
- 71 慣性の法則と遠心力・・・・・・・・・　213
- 72 ライプニッツ、重力の扱い（1）・・・・・・・・・・　219
- 73 ライプニッツ、重力の扱い（2）・・・・・・・・・・　222
- 74 ライプニッツ、重力の扱い（3）・・・・・・・・・・　229
- 75 ライプニッツの動力学、一つの展開形・・・・・・・・　232

第19章 ライプニッツ哲学の一元的解釈に向けて	236
76 ライプニッツ哲学の統合	236
77 統合のかたち	240
78 神の「コード」をどう解読するか	243
あとがき	247
文献	249
索引	255

言及する文献の略記（書誌情報の詳細は巻末文献表を参照）

AG   Ariew, R., and Garber, D., tr. and ed. *G. W. Leibniz, Philosophical Essays*. 「**AG** 45」のように略記してページ番号を示す。

ECP   *The Collected Papers of Albert Einstein*, Princeton University Press. 所収巻、文書番号、ページ番号などは、「**ECP2**, doc. 24, 26」のように略記。

GP   Gerhardt, C. I., ed. *Die philosophischen Schriften von Gottfried Wilhelm Leibniz*, 7 vols. 所収巻とページ番号は「**GP2** 156」のように略記。

GM   Gerhardt, C. I., ed. *Leibnizens mathematische Schriften*, 7 vols.

Loemker   Loemker, Leroy E., tr. and ed. *Gottfried Wilhelm Leibniz, Philosophical Papers and Letters*.

著作集   『ライプニッツ著作集』10巻（下村寅太郎ほか監修）、工作舎

これら以外の文献については、巻末にまとめた(1)邦語文献（翻訳も含む）と(2)欧米語文献の分類に従い、原則として「著者名、出版年、ページ番号」で略記し、本文中の適切な場所に括弧に入れて示す。たとえば、「（内井1989、131）」あるいは「（Arthur 2014, 35）」という形をとる。

第 1 部

力学の基礎は情報の形而上学

第 1 章

ライプニッツの情報論的転回

1　物理学と形而上学

　ライプニッツの知的遍歴や、ライプニッツ周辺の哲学史の解説などは、必要最小限にとどめ、わたしはできるだけ迅速に本題に入るつもりである。しかし、彼の哲学が展開していったあらましには、どうしても触れておかなければならない。というのも、彼の哲学の展開と力学の展開は密接につながっていることがわかるからである（次頁のライプニッツ略年表も参照）。

　ライプニッツは、厖大な著作を残したにもかかわらず、哲学上の「主著」と呼ばれるものがない、めずらしい哲学者である。しかし、40代から50代にかけて、二つの重要な著作が書かれている。一つは、『形而上学叙説』（1686）という中期の代表作、もう一つは「実体の本性と相互の交渉、および心身の結合についての新説」（1695）という、タイトルは長いが本体は短い論文（以後「新説」と略称）である。この第二の論文に先立って、ライプニッツはニュートン（Isaac Newton, 1642-1727）の『自然哲学の数学的諸原理』（1687、以下『プリンキピア』と略称）に触発されて、みずからの惑星運動論（1689年）を書き、その過程で自分の解析学（微分と積分）を応用した動力学も用意

していた。事実、「新説」の公開と同じ年に、「動力学試論」(1695)の第1部も出版されている。

　もちろん、本題は、哲学と動力学という二つの研究領域で「何と何がどうつながっているか」ということ。本書で、わたしは自分の解釈を展開することが目的なので、現代の用語でライプニッツの哲学や動力学を記述することをためらわない。現代用語を使うときには、ライプニッツの元の言葉を明示し、なぜそれを現代用語で書き換えるか、その理由も説明するので、注意深い読者には問題がないはずである。そこで、先の問いに戻れば、すでに第1部のタイトルでも示したとおり、「情報が運動の理論、すなわち動力学を基礎づける」というのが、その問いに対する答えの大筋である。現代でこそ、こういった考え方は珍しくなくなってきたが、そのアイデアを300年以上も前に先取りしたライプニッツの先見性には、驚嘆せざるをえない。

表1　ゴットフリート・ヴィルヘルム・ライプニッツ　略年表

1646	7月1日にライプツィヒで生まれる。
1652	父の死。
1661〜1667	ライプツィヒ、イエナ、アルトドルフの大学で学ぶ。アルトドルフで法学博士。
1667〜1668	ボイネブルク男爵の知遇を得る。マインツの選帝侯シェーンボルンに仕えることとなり、ローマ法典を所領のために改訂する作業に当たる。
1672〜1676	ボイネブルクに委嘱された外交使命のため、パリに滞在。ホイヘンスの指導で数学の才能が開花。75年には微積分の発明。
1676〜1679	ハノーファーのヨハン・フリードリヒ公に抱えられ、顧問官、司書。新しい幾何学「状況分析」に手をつける。

1680〜(1698)	ヨハン・フリードリヒ公が79年12月に亡くなり、後継者、弟のエルンスト・アウグスト公に仕える。公妃ゾフィーと親交。85年には、ハノーファーが所属するヴェルフェン (Welfen、英語ではGuelph) 家の歴史編纂がライプニッツに命じられ、これが彼の晩年まで重荷となる。
1686	デカルト派物理学の誤りを指摘し、実質的に「活力 (エネルギー) 保存」の法則を主張。個別的実体の説を敷衍した『形而上学叙説』、アルノーと書簡による論争。
1689	ニュートンの『プリンキピア』に触発されて書いた、「天体運動の原因についての試論」。惑星を運ぶ渦動の説に微積分を応用し、近接作用で惑星運動を再構成。すでに、後の動力学の道具立てが使われている。
1695	形而上学と連動した「動力学試論」、個別的実体の説に大改訂を加えた「新説」を発表。
1698	エルンスト・アウグスト死去、息子のゲオルク・ルートヴィヒが後継者に。オランダの自然哲学者デ・フォルダーと文通 (〜1706)。
1705	良き理解者、後援者だったプロイセン王妃 (ゲオルク・ルートヴィヒの妹) ゾフィー・シャルロッテ死去、ライプニッツ落ち込む。
1710	『弁神論 (テオディセー)』
1714	「モナドロジー」、「数学の形而上学的基礎」執筆。ゲオルク・ルートヴィヒがイギリス王 (ジョージ一世) となる。
1715〜	クラークと書簡による論争 (時空論の古典)。
1716	11月14日死去。

2 『形而上学叙説』のツボ

　そこで、中期の『形而上学叙説』から簡単に説明しておこう。この時期、ライプニッツの形而上学は、「個別的実体」の考えを中心として展開された。われわれが見る現象の奥、あるいは背後には、実在するもの、実体があって、実体はすべて個別的で互いに異なるものだという。この説が出てきた背景には、デカルト（René Descartes, 1596-1650）の「延長を持つ物質的実体」という説があり、デカルト派の物理学は延長（長さ）を持つ物体の運動を扱う科学とされた。しかし、ライプニッツによれば、延長する物体は分割することができる。たとえば、幾何学的直線をいくら細かく分割していっても、常に有限の長さが残り、決して分割できない最終的な要素に至ることはない。延長を持つ物体についてもまったく同じである。かくして、「延長する実体」には、「本当に存在する」と言いうる「実在」の資格がない。そうすると、デカルト流の物理学は、実在、実体の裏づけを欠くことになる。

　これに対抗し、ライプニッツが考える実体は、「形而上学的な点」とでも言える、それぞれが独立した個別の存在物で、「これが本当の実在物だ」と最終確認のできるものでなければならない。そこで、二つ、まったく同じで区別がつかない実体があっては、この最終確認ができないことになるので、「区別できないものはひとつしかない」という、「不可識別者同一性の原理」が、ライプニッツでは一貫して主張されることになる。そして、デカルトの空間や物体（いずれも延長あり）には、そのような基本的存在物が入る余地はないので、ライプニッツは形而上学にも、物理学にも大ナタをふるうことになる。

　すなわち、実体、真に存在するものの領域と、物理学その他の科

学が扱う現象の領域とは、二つに峻別されなければならない。こうして、ライプニッツの形而上学と物理学（その他）を二段構えに配置する理論構成が打ち出される。この方針は、『形而上学叙説』ですでに確立しているのである。ただ、この著作では、個別的実体を特徴づけるために、アリストテレス（Aristotelēs, BC384-322）の「主語・述語論理」の枠組みが採用され、「形相と質料」というアリストテレスから中世哲学に引き継がれた哲学用語が、換骨奪胎して使われた。簡単に説明すれば、次のようなことである。

「XはAである」という命題で、Xは主語、Aは述語と呼ばれる。そして、この命題が真であれば、「XはAという性質を持つ」という「主体と属性」の関係とみなすこともできる。複雑な関係を厳密に表現する手段がまだなかったアリストテレス流の論理学では、このような主語と述語の形式でもって、実体世界や現象世界の事実が表現されると考えられていた。『形而上学叙説』を執筆した頃のライプニッツも、おそらくこの考え方を踏襲していた。そこで、互いに異なる個別的実体をこの形式で仮に記述しようとするなら、

　　「XはAである」、「XはBである」、「XはCである」、・・・

というように、個別的実体Xに当てはまる述語づけを延々と枚挙していくことになるだろう。この事態を、ライプニッツは、「個別的実体を表す主語は、それに当てはまる述語すべてを含む」と表現する。異なる実体はすべて互いに異なるので、実体の世界は、「ともに可能な実体すべて」を集めたものとなろう。これが、中期の哲学で言われた「共可能」な世界である。そして、神はそのような共可能な諸々の世界のうちから、最善なものを選んで現実世界とした、というライプニッツの有名な主張が続く。

　ここで重要なことは、個別的実体の役割が、多種多様な述語を「一つにまとめる」ということ。実体は「多を一つに」統一する役目

を担うので、「一」でなければならないのである。「一がなければ多はありえない」という基調が、ライプニッツの形而上学を貫いている。さらに、「多くの述語を統一する」とは、実は、実体が「同一性を保持しながら変化する」という一見相反する特質をも表している。誤解のないように注意しておくが、**実体の世界は無時間**なので、この「変化」とは、時間の中での変化ではない。後に詳しく立ち入るように、「実体の状態系列の全体が一挙に与えられる」ということなのである。実体の「個性」は、まさにそのような系列によって決まることになる。この「無時間世界での実体の状態系列」が空間と時間の基盤となり、動力学が対象とする現象世界を生み出すという鮮やかな「ライプニッツ・マジック」については、この先、追々と明らかにしていくこととなる。

　他方、ライプニッツのもう一つの顕著な主張として、「世界のすべてのものは互いにつながっている」はずであり、世界の隅々にまで「予定調和」が成り立っていなければならない。しかし、二つ以上の個別的実体の〈あいだ〉で成り立つ調和を言おうとすれば、先のような命題の「述語」は、「動物である」とか「理性的である」とかいう性質や属性を表すだけでなく、個体相互のあいだの関係（たとえば、「A は B に従属する」とか、「C が A と B のあいだにある」とか）も表せるものでなければならない。この点は、ライプニッツがアルノー（Antoine Arnauld, 1612-1694）からの手紙について書き残した覚え書き（1686 年 5 月、**AG** 69）に、明快な記述がある。

　・・・わたしの前提は、神がアダムを創造しようと思ったとき、アダムの概念は漠然として不完全なものではなかったというだけでなく、神は個体として十分に定まった特定のアダムを創造しようと思ったということ。そして、わたしの考えでは、この個体の完全な概念は、事物の全体の系列との関係を含むということである。

もっとも、当代一の論理学者でもあったライプニッツが中期以後に向かったのは、「関係の論理」の構築ではなく、まったく別の道だった。それが、わたしの言う「情報論的転回」だが、それを論じるのは少し先に延ばす。

3　「形相」が統一のもと

　わたしが到達した解釈では、ライプニッツは驚くほど近代的な動力学を生み出しうる形而上学を目指していたのだが、彼の哲学用語はアリストテレスと中世の伝統を多く引き継いでいる。そのことが、一方では大多数の「ライプニッツ学者」たちの動力学理解を妨げていると見受けられる。他方、彼の「古色蒼然」たる用語は、現代の科学哲学の研究者をライプニッツから遠ざける原因となっている。かく言うわたし自身、ライプニッツに取りかかるのが遅かった理由は、まさにここにある。そこで、「形相と質料」というライプニッツの用語をここで解説しておく必要があろう。

　実体は形相 (form) と質料 (matter) よりなることを (アリストテレスに従い) ライプニッツも認める。これは、実体が「二つの部分」を持つという意味ではない。そうではなく、実体には能動的な側面と受動的な側面があり、実体の変化が能動と受動の相互作用により生まれることを言うための区別である。能動的側面が「形相」、受動的側面が「質料」に対応する。具体例として、生まれたばかりの子犬を考えてみよう（これは、ライプニッツにとっては現象界の存在物であるが、実体のレベルに基盤を持つはずである）。この子犬は個別的実体に対応し、これからさまざまな活動をし、成長していくはずである。その過程で身体を形成している物質は絶えず入れ替わるし、犬の心

的な性格も形成されていく。にもかかわらず、この犬は同一性を保った「一つの個体」であり続ける。この事態を形而上学的に言い表すと、「質料は入れかわっても、形相が実体の同一性を保ち」、「成長や変化は、可能なものが現実化される過程」で、「すべては形相が統御している」ということになる。つまり、形相とは、実体の同一性、統一性を支えるおおもとであり、変化にもかかわらず個性を保つ役割を担う。そして、子犬が成長し、老いを迎えて死ぬという現象の世界でも、実体界での「変化」と「同一性」が垣間見えるというわけである。

　能動と受動とは、常にペアにならないと意味をなさない区別である。それに加えて、形而上学が動力学を基礎づける段になると、力の概念が導入され、形相には能動的力が、質料には受動的力が割り振られることになる。しかし、『形而上学叙説』では、個別的実体の記述が「主語・述語論理」の枠内で、主語が「すべての述語を含む」と言われたので、前述のように「形相」が変化をも統御するという重要な特質が見えにくくなっていた。事実、ライプニッツが意見を求めたアルノーも、概要をざっと読んだだけで誤解してしまったのである。

　そこで、現代のわれわれも、「形相と質料」という古くさい言葉に惑わされず、この言葉でライプニッツがどういうメッセージを伝えようとしたかをしっかり読み解く努力が必要になってくる。わたしの見るところ、アルノーとの論争を踏まえ、ライプニッツは十年近く構想を練り直して「新説」の見解にたどり着いたはずである。この「新説」では、形而上学と動力学との統合もはっきりと視野に入り、それにふさわしい道具立てに切り替えられた。それが、わたしの言う「情報論的転回」にほかならない。

4 「新説」のどこに注目すべきか

では、「新説」(1695)に移ろう。この短い論文にはライプニッツの「知的遍歴」に触れた部分もあって興味深いが、核心部分は、わたしの「まえがき」でも触れた「情報理論」を先取りした部分である(実は、こういう読み方をする研究者は数少ないのだが)。これをはっきりさせるため、以下に問題の箇所のわたし自身による訳を示しておく(「新説」第15パラグラフ)。実体の本性について新しい考え方の概略を述べたのち、ライプニッツは次のように言う。

> この仮説は十分に可能である。なぜなら、神には、実体に最初から次のような本性あるいは内的な力を与える能力がなかったとは、考えられないからである。すなわち、実体において生じること、つまりすべての現れや知覚表象は、他の被造物の助けなしに、みずからの力によって順序通りに生み出される(魂の、あるいは形相のオートマトンにおいてそうであるごとく、ただしその実体が理性にあずかる場合には自由なオートマトンであるが)ようになっているはずだと。(**AG 144**)

「オートマトン」は、無理に翻訳すれば「自動機械」となるが、原語をそのまま残した。これを、現代の情報理論で使われる意味に理解してよいかどうか、異論が出るかもしれない。簡単に解説すれば、情報理論の初歩で出てくるのは「有限オートマトン」である。有限個の内部状態、入力、出力が与えられ、どの時点においても、入力と内部状態から現在の出力が決まり(それを決めるのは「出力関数」と呼ばれる)、さらに次の時点の内部状態も決まる(それを決めるのは「(状態)遷移関数」と呼ばれる)という理論的機械である(図1を参照)。

たとえば、入力は1、2、3のいずれか、内部状態はa、b、c、dのいずれか、出力はX、Y、Zのいずれか。一般には、有限個であれば、いくつあってもかまわない。遷移関数は、入力と内部状態のそれぞれのペアに対して、次の内部状態を一義的に指定する。同様に、出力関数は、入力と内部状態のそれぞれのペアに対し、現在の出力を一義的に指定。

図1　有限オートマトン

　現代のコンピュータ（汎用マシン）の原型となったチューリングマシン（Alan Turing, 1912-1954 が考案した）は、およそ厳密な手続きで計算できるものはすべて計算できるという「万能計算機」になりうることが知られているが、チューリングマシンの制御部分は有限オートマトンである。ただ、情報を蓄える「テープ」は無制限で、潜在的に無限の記憶容量がある（後で詳しく説明する）。それで、少し難しい話になるが、ライプニッツの言う実体は、実は、チューリングマシン（無限のテープつき）よりもさらに強力で、（後に第2部で論じるとおり）状態系列が連続体相当になりうる。したがって、ライプニッツは現代の情報理論におけるオートマトンよりも強力な情報機械を実体として想定していた（現代の成果を知らぬこととはいえ）ことになる。それゆえ、先の「異論」は考慮する必要さえなくなるのである。なお、「新説」以後、実体は「モナド」という新しい別名を与えられることになる。

5 「形相」は遷移関数に対応

　さて、先の引用文で「魂の、あるいは形相のオートマトン」というフレーズに注目しなければならない。すでに述べたとおり、形相が実体の統一のもとだとライプニッツは考えているのだが、この形相がオートマトンと結びつけられたことの意味をじっくりと考えなければならない。

　すでに解説したとおり、アリストテレス流の形相にも実体を「統括」あるいは「統御」する役割が与えられていた。他方、ライプニッツの『形而上学叙説』では、個別的実体を記述しようとすれば「主語のうちに、関連あるすべての述語が含まれている」という主張が現れた。「形相のオートマトン」という表現は、これら二つを一つにつなぎ、しかも「主語・述語論理」の枠組が与える「静的」な印象を払拭して、「変化の記述」に適合しうる。先の引用で言われた「実体において生じること」は、「実体の状態」と「現象（現れ）」にほかならない。これは、後期哲学を調べれば疑問の余地がない。実体（すなわち、後の「モナド」）は「知覚」と呼ばれる状態をもち、「それぞれに世界全体を映す」だけでなく、人間やその他の知性ある存在に対しては、世界の特徴を「現象」として見えるようにする。ここで肝要なことは、「知覚」と「現象」を決して混同してはならないということ。ライプニッツの専門用語「知覚」は、第一義的には実体の状態を意味するので、明らかに**実体の領域**で生じるもの。ところが、「現象」は、われわれ生身の人間や犬や猫にも見えたり聞こえたりする、**現象世界**での出来事の連鎖である。

　以上の点、多数の人が誤解するので繰り返すが、現象は空間と時間の中で生じるが、実体世界には時空は存在しない。ライプニッツの言う実体世界は、時空も含めて現象を生み出すおおもとである。

現象とは、実体界の活動が別の領域（個々の実体のいわば「意識的な知覚領域」）に「投影」されて現れた姿だと考えなければならない。そのためには、実体界からメッセージを現象界へ「コード化して移す」というプロセスが不可欠である。「知覚」、「表現」、「現れ」、「投影」など、すべて「コード化」（数学的には、関数を介したマッピングあるいは写像）抜きでは考えられない。たとえば、「赤」という言葉は色を表現するが、それは日本語によるコード化にほかならない。自然数の5は、二進法では「101」と表記されるが、これもコード化の規則に依存する。

　もちろん、「こんな現代の言葉はライプニッツの時代にはなかった」という反論が出るかもしれない。しかし、彼の形而上学と動力学の著作を注意深く読めば、「言葉」はないにしても、「それ相当のこと」を彼が考えていたことは、十分に論証できるし（本書第1部と第2部）、何よりも、先のプロセスの必要性は、「論理的に否定できない」という最強の論拠がある。「該当する言葉が見つからないので、根拠がない」と非難するのは、「論理知らずの哲学史」だと遠慮なく言わせていただく。ライプニッツが当代一の論理学者であったことは言わずもがな、そのような非難は、ライプニッツに対する侮辱だとも言えよう。それはともかく、「コード化」を言うときに注意すべきことは、元の情報とコード化された情報の間には、少なくとも「部分的な対応関係」が成り立っており、コード化されたものから元の情報を（少なくとも部分的に）取り出せるようになっていなければならないということ。加えて、コード化により、元の情報がガラリと姿を変え、余分なものが加わりうることも注意しなければならない。たとえば、「赤」という語と、それが表す色そのものには、何の類似性もない！　ライプニッツが「よく基礎づけられた現象」とそうでないものを区別するのは、その現象を裏づける実体の状態がある（つまり、少なくとも部分的な対応がある）かないかによる。それがあるとき、その現象は実体界の事態を「表現」しており、ないときには

「単なる見かけ、幻想」のたぐいとなる。

本題に戻って、実体に神が与えた「内的な力」とは、同じ年に発表された「動力学試論」で詳しく説明されるのだが、オートマトンの(状態)遷移関数と直ちに結びつくことを指摘したい(図1参照)。実体の状態を順序通りに決めていく内的な力は、まさに遷移関数とぴったり一致する働きをする。念のため補足すれば、神は実体を創造したとき、当然その最初の状態(初期状態)を設定したはずである。そして、各々の実体は、他の実体から影響を受けずに自分の内的な力によって状態を変えていくわけだから、図1で解説した「入力」も「出力」も不要となって、初期状態と遷移関数だけで状態変化の系列はすべて決定される。当然、「では、実体界全体にわたる調整はどうなるのか」という疑問が出るかもしれないが、そこは「究極のプログラマー」たる神が設計した「予定調和」によって、「あたかも実体が相互にコミュニケーションを行っているかのごとく協調して」実体界全体が活動する仕掛けになっている。

以上の簡略な説明だけでも、わたしがなぜ「新説」でライプニッツの情報論的転回が行われたと主張するのか、その理由がある程度わかっていただけるだろう。実体の本質的な特徴は、状態遷移という情報活動にほかならない。「遷移」あるいは「変化」といっても、実体界は無時間だから、各々の実体の状態系列がすべて一挙に(順序通りに)与えられている。そして、それが実体界の情報のすべてなのである。しかし、神と違って、知識や分析の能力は有限でしかない実体にあっては、実体界の知識を得るには、空間と時間の中での現象を調べて、少しずつ情報を収集していくしか手がない。なかんずく、動力学の対象となる物体の運動を体系的に解明する動力学が、実体界を知るための基本的な手段となるのである。そういうわけで、動力学は形而上学によって基礎づけられることになる。そして、『形而上学叙説』では必ずしも十分ではなかった「実体相互の関係」の取り扱いは、神の「設計」(「最適設計」)によって、それぞれ自

律的に活動する実体が、「あたかも互いに密接に関係し、コミュニケーションをするかのように相互に調和する」という形で、主語・述語論理の制約を一挙に振り払えることになったのである。

　抽象的な言葉による説明ではイメージが湧きにくいし、理解が困難かもしれないので、以下の本文を読み進むときの助けとなりうる図をここで提示しておく。「新説」の段階で、ライプニッツの構想は、おそらく図2のような構造ではなかっただろうか。

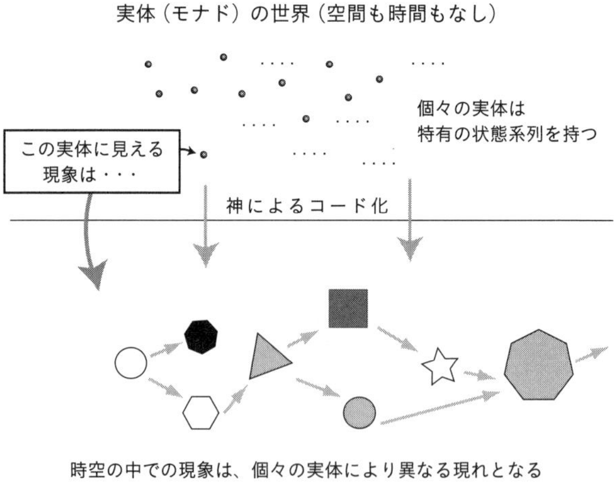

実体（モナド）の世界（空間も時間もなし）

個々の実体は特有の状態系列を持つ

この実体に見える現象は・・・

神によるコード化

時空の中での現象は、個々の実体により異なる現れとなる

図2　実体界と現象界

第2章

ライプニッツはなぜ「力」を導入したか

6 デカルト流物理学の批判

　次に、ライプニッツの動力学理論の展開に目を向けよう。彼はすでに若いときからいわゆる「機械論哲学」（自然現象は物体の運動で説明できるとする）に大きな影響を受け、物理学、力学の構想も折に触れて執筆している。しかし、本書では、もっぱら中期以後の重要な著作のみに焦点を絞る。なぜなら、前章で述べたような「情報論的転回」後の動力学が、わたしの主要関心事だからである。つまり、「新説」の形而上学で出てきた、実体の「内的な力」を、動力学ではどういう形で使うのか、そこが主要問題である。わたしの解釈によれば、ライプニッツは、実体の持つ力が運動（の現象）ではどのように「コード化」されて、運動の法則を生み出しているのかを解明しようとしているのである。もちろん、そうするためには力学で前提される空間と時間の解明が先決問題であろうが、この問題は相当に難しいので第2部にまで先延ばしする。

　第1章の表1「略年表」にも書いたように、ライプニッツの物理学上の業績で有名なのは、デカルト流の「運動量」の概念を批判し、運動量ではなく、エネルギーに相当する「活力」が保存されることを

論じた1686年の論文「デカルトらの顕著な誤謬」（略称）である。しかし、デカルト流物理学に対するライプニッツの批判はもっと根が深く、形而上学のレベルから解き明かさないと、全容が見えない。そのことがよくわかるのは、次の論文「物体と力について、デカルト主義者批判」（1702, **AG** 250-256）である。この論文は、彼の惑星運動論および動力学の論文が出てしばらく後に書かれたものなので、論点がよく整理されており、わかりやすい。

　デカルト主義者たちは物体の本性も運動力の本性も説明できない、とライプニッツは批判する。経験からわかるように、物体は二種類の抵抗、「不可入性」と「慣性」を有する。不可入性とは、ある物体が他の物体と衝突するとき、互いに通り抜けることを妨げる性質のことである。この性質がなければ、衝突運動は不可能であるし、運動の変化も不可能である。しかも、衝突による運動の変化には物体の「大きさ」（質量）も関わってきて、運動に対する抵抗の大きさ（つまり、運動速度の変化に対する抵抗）も考えなければならない。これは、近代力学の用語では、「慣性」（現在の運動状態を維持し、変化に抵抗する）と「慣性質量」（変化に対する抵抗の大きさ）のことである。そして、ライプニッツが指摘するのは、「外延を持つ実体」とデカルトが定義した物体（つまり、物体には長さ、表面積、体積があって、空間中に広がっており、それが物体の本質だということ）に、なぜこれら二種類の抵抗が備わっているのかという難問である。デカルトの定義には、二種の抵抗を含意、あるいは示唆するものは何も含まれていない。そもそも、「外延」、「広がり」という概念自体が、経験的な事実を踏まえただけで、その成り立ちを哲学的に示す作業を省いたまま、いわば「天下り」で導入されたにすぎない。デカルトが実体（彼によって、存在すると見なされるもの）を「考える実体」と「延長する実体」とに分類した際、「実体には二種類がある」と宣言しただけで、その理由や由来はまったく示されていないのである。それに加えて、「広がりのある空間」と「広がりのある物体」を区別することさえで

きないではないか。

7　外延とは？

　では、ライプニッツの考えはどうなのか。「外延、広がり」とは、ある本性を持つものが拡散する、あるいは繰り返されるという意味だ、と彼は言う(**AG** 251)。物体は、抽象的な空間と同様、外延を持つ。そして、「外延」という言葉は相対的な言葉で、「何が広がるのか、拡散するのか、あるいは繰り返されるのか」に依存する。空間については、本書の第2部で立ち入って論じるので、ここでは省略する。問題は物体の外延が、実は、先に挙げた二種類の性質に依存する、すなわち「不可入性」と「慣性」の繰り返し、広がりにほかならないということなのである。この二つの性質が、物体を「単なる空間」からはっきりと区別している。これは、鮮やかな指摘である。物体は、われわれの経験によれば、空間の中を自由に通り抜けられるし、その運動に対していかなる抵抗も受けないように見える。しかし、二つの物体が互いに自由に通り抜けることはなく、そこに物体の本性が関わっているはずではないか、とライプニッツは言いたいわけである。

8　運動の源泉は？

　しかし、「運動に対する抵抗」だけでは新しい運動を始めることはできない。そこで、ライプニッツは「デュナミコン」と名づけられる、物体に内在する「変化と持続の原理」を導入する(**AG** 251)。これを

「変化の原理」および「持続の原理」と誤解してはならない。デュナミコンは確かに二種あるが、「能動的」と「受動的」原理の二種である。実は、これらが「能動力、受動力」という力にほかならない。そして、能動・受動の区別は、実体レベルと現象レベルにまたがる。能動と受動はつねにペアとなる区別だが、後に詳しく論じるように、これまたある種の「相対性」をはらんでいる。そして、ここで指摘したいのは、実体の持つ力が、力学現象のレベル、すなわち**現象界の物体**に備わっている力に対応することである。これが、わたしが予告した通り、実体の内的な力が物体に備わった力に「コード化されている」ということの何よりの直接的証拠である。

そこで、「新説」で言われた内的な力を思い出していただきたい。わたしの解釈では、実体のこの力は、実体の状態を変えていく原理、遷移関数に対応するものである。それがコード化されて現象の世界に現れると、物体に内在する運動の原理となる。つまり、現代の言葉で記述すれば、実体の情報活動が、現象世界で運動を規制する原理に対応することになる。ライプニッツが暗に示唆している（彼には「コード化」という言葉がないので）のは、実体界と現象界とを関係づけた神によるコード化は、概略このようになっているはずだということにほかならない。それゆえ、現象しか直接見ることのできないわれわれ人間にとっては、物体の運動の探究、動力学の研究が、実体の活動を知るための何よりの手がかりとなるのである。そのことは、ライプニッツ晩年、ヴォルフへの書簡でも明確に述べられている（Gerhardt 1860, 138。この指摘は Adams 1994, 385 に負うが、アダムズはコード化の問題にまったく気づいていない）。

9　物理学と形而上学の相互作用

　以上のように、ライプニッツの「力」は、物理学 (physics) と形而上学 (metaphysics) とをつなぎ、さらに、わたしの情報論的解釈の要ともなる「コード化」の問題がライプニッツ自身によって (この言葉を使わずに) 論じられる際のカギともなる。ライプニッツの最新の伝記 (Antognazza 2009)、あるいは最新の導入書 (Arthur 2014) を参照していただけばわかるように、ライプニッツの大きな知的 (および実践的) プロジェクトのうちでも、互いの連関が最も密度高く練り上げられているのは、これら二つの分野であると言っても過言ではない。力の概念は、ライプニッツが若いときに多大な影響を受けた機械論哲学 (たとえば、ホッブズの「努力 conatus」という言葉をライプニッツは晩年に至るまで引き継ぐ) に始まり、物理学研究と形而上学研究の相互作用の中で練り上げられていき、最終的にはアリストテレスの「形相」と結びつけられることになった。これを指摘した上で、次章ではライプニッツの動力学をもっと詳細に見ていくことにする。

第 3 章

ニュートンとライプニッツ、「力」の比較

10　動力学の著作

　ライプニッツの力学の著作は、中期以後に限定しても、(1) 力の保存に関わるもの (1686年の論文が有名)、(2) 惑星運動に関わるもの 1689-1690、**著作集3**参照)、(3) 動力学本体に関わるもの (1691-1695) とあって、しかも公表されたものはその一部にすぎない。この時期以前の仕事については、ガーバーの論文 (Garber 1995)、あるいはエイトンらの伝記 (翻訳1990、および Antognazza 2009) を参照されたい。

　さて、第1章の冒頭でもお断りしたように、わたしはできるだけ速く本題に入りたいので、(3) のグループの主要テキストとなる「動力学試論」(1695) に的を絞ろう。この論文の第1部は、すでに見た「新説」より少し前に出版されており、その見所の一つは、実体に内在する力と動力学で使われる力を橋渡しして四つに分類するところ。さらに、動力学での「力」の使い方が示され、ニュートン力学とは異なる独自の路線がスケッチされる。したがって、動力学内部に話を限っても、「力」の概念がニュートンとは違うので、現代の読者が多く誤解に導かれやすい。

　この論文の最初のパラグラフには、次のような「ライプニッツ的」

主張が出てきて、現代の読者はまず驚かされるはずである。

　厳密に言えば、運動（および時間）は本当は存在しない。なぜなら、運動の全体は共存する諸部分を欠くことになるので、その全体は決して存在しないからである。しかも、運動には瞬間的な何か以外には、すなわち変化に向かおうと努力する力以外には、実在するものはない。物体的な本性のうちで、幾何学の対象、または外延を超えるものは、何であれそれに行き着くのである。（**AG** 118）

　たいていの読者は、彼がいったい何を言いたいのかいぶかるだろう。しかし、彼は筋の通ったことを述べたにすぎない。まず、2節ですでに注意したように、時間は実在の世界、実体界に存在しない。そして現象界においても、「対象xがAからBまで運動した」というとき、「Aにあったx」と「Bに来たx」とは共存できないので、「全体の運動は存在しない」という結論になるのである。もちろん、運動とは、われわれが現象として見るものだから、実在の一部ではない。しかし、現象ではあっても、「変化に向かおうとする力（努力）」があるなら、これは実体界の力の表現（すなわち、その力がコード化されたもの）であるゆえ、実体界に基盤を持つことになる。デカルト流物理学に対抗して、物体の本性として内在する力を認めたライプニッツの真意は、ここにあったわけである（第2章）。ただし、何度も繰り返すように、物体に内在する力は、その基盤は実体にあるが、「コード化」を経て、空間と時間の中で働く力に変換されている。これが、ライプニッツが実体と現象を橋渡しするとき、常に使うパターンにほかならない。そして、このように実体に基盤を持つ現象は「よく基礎づけられた現象」と呼ばれて他から区別され、現象から実体界について知識を得るための本質的な情報源とみなされる。

11 古典物理学の常識をいったん停止する

　さて、先へ進むためには、現代の大多数の読者が暗黙のうちに前提している物理学の「常識」ないし「偏見」を意識的に洗い出して、「いったん停止」していただく必要がある。そうしないと、本来「筋の通った」ライプニッツの見解が「理解不能」になったり、「間違っている」という即断につながったりするからである。その常識とは、言わずと知れた古典力学、「ニュートン力学」ともよばれるもの。ニュートン的な「力の定義」は、ライプニッツのものとは相当に異なるので、その定義を組み込んだ「概念枠」を保持したままでは、ライプニッツの動力学は「奇怪なもの」にしか見えない。

　そこで、ニュートンの「運動の三法則」に当たるが、これら法則を述べるために、ニュートンは「天下り」で「絶対空間」と「絶対時間」を導入していることを忘れてはならない。その前提のおかげで、三法則に使われる概念には問題がないように見える。さらに、後世の俊英たちが付け加えた多くの研究により、この力学は「多大な経験的成功」を収め、それが「ニュートン力学」に含まれる「偏見」を「科学的真理」にまで持ち上げてしまった。

　しかし、時計の針を1695年頃にまで戻すと、見えてくる知的状況はまったく異なっていたはずである。ライプニッツを正当に評価するためには、われわれの「偏見」を括弧に入れてテキストを読み解く努力をし、それではじめて彼の「革新的な」アイデアが見えてくるのである。

12　ニュートンの運動三法則

　では、まず、そういう観点からニュートンの「三法則」を見直しておく必要がある。この作業を怠ると、ライプニッツの独自性がわからない。出典は、もちろん、ニュートンの主著『プリンキピア』である。まず、「慣性の法則」とも呼ばれる第一法則は次のように述べられる。

(1) 第一法則「すべての物体は、静止状態であれ、直線上の一様運動状態であれ、外力によってその状態が変えられない限り、同じ状態を続ける。」(ニュートン 1979、72。ここでの訳文は筆者による。)

　しかし、法則に先立つ定義の部分 (定義3) では、「物体に内在する力 vis insita」という概念が出てきて、それが法則 (1) の根拠であるかのように言われている。「直線運動」を言うためには**空間の幾何学が前提されなければならない**。また、一様運動とは「等速運動」のことで、「速度」の概念を前提する。ところが、**定義なしで導入された「速度」**は、定義群の後につけられた「注解」(邦訳94 以下) を読めば明らかなように、**量的な空間と時間** (絶対空間と絶対時間) **をあらかじめ仮定しなければならない**。こういった所で、ニュートンは、時空の基盤をも形而上学で論じようとしたライプニッツとは、基本姿勢がまるで違うのである。法則 (1) に話を限定しても、「物体に内在する力」は、天下りで仮定されただけで、その「基盤」にまで立ち入ろうという問題意識は見えず、ライプニッツとは際立った対照をなす。「実験哲学」を旗印とするニュートンは、経験世界を踏み越えることを、できるだけ避けたかったのだろう。

(2) 第二法則「運動の変化は、加えられた力に比例し、その力が
　　 向かう直線方向に生じる。」

　この法則で出てくる力が、ライプニッツと対比させるときに大きな問題となる。もちろん、第二法則は、後世の表現では、力をF、質量をmとすれば、微分方程式

(2′)　$F = ma$　（aは「加速度」で、速度の時間的変化dv/dtとなる）

という形で使われることになる。質量は「変化に対する抵抗の大きさ」だから、これを考慮する必要があるわけである。それで、ここで注意したいのは、(2′)の表現、「力とは質量と加速度の積に等しく」、「加速度は瞬間的な変化であって連続的に働く」ことが、物理学を知る現代人の「先入見」となっているということ。微積分の生みの親（のひとり）でもあるライプニッツは、(2)あるいは(2′)を丸ごと否定するわけではない。しかし、それ相当の法則を、別の基盤から導出しなければならない。それを理解するのが、われわれには難しいのである。

(3) 第三法則「いかなる作用に対しても、つねに反対向きで同等
　　 の反作用が伴う。あるいは、二物体の間での相互作用は、
　　 つねに等しく反対向きである。」

　この第三法則に対しては、ライプニッツは異議を唱えない。もっとも、「作用」とは何かという問題に入ると、二人の見解は大きく離れることになる。

13　ライプニッツの力の分類

　それでは、「動力学試論」の解説に戻ろう。この論文では、まず「力の分類」が始まるが、これは「新説」の形而上学と連動していることが明らかである。実体が持つ「内的な力」は「原初的力」と言い換えられ、能動的と受動的とに二分される。これらが、力学現象でコード化を経て現れると「派生的力」となり、同じく能動的と受動的とに二分される。実体レベルでの分類と対応して、このように、構造の同一性を少なくとも部分的に保つコード化は、数学的には「準同型写像 homomorphism」と呼ばれる。要するに、「部分的な同型」と覚えておけばよい。ライプニッツにこのような表現はないが、いずれわかるように、彼の哲学は、この部分的同型性を種々の場面で使いこなす仕掛けになっている。

　では、動力学で使う「派生受動力」とは何だろうか？（能動力は注意して扱わなければならないので、後に回す。）それは、すでに第2章で説明したとおりで、物質の持つ「不可入性」と「慣性」という二種の抵抗が「派生受動力」となる。これを「力」と名づけたのは、現代物理学から見ても優れた見識であろう。現代物理学では、重力、電磁力と原子核内部での弱い相互作用、強い相互作用の四種の力が認められるが、ライプニッツの時代には重力と、部分的に電磁力が知られていただけだった。そこで、ライプニッツは物質の相互作用として「衝突運動」を最大限活用するという方針をとることになる。それゆえ、衝突運動を解明するための道具立て、上記二つの抵抗力が重要となるのである。

　「派生能動力」は、運動に関わる力であり、ライプニッツが主要な事例としてあげるのは「インペタス」で、その力学的表現は質量と速度との積 mv となる。これは、現代物理学では「運動量」と呼ばれ

る。しかし、ここで二つの疑問が湧く。（ⅰ）速度が運動に関わるのは当然として、なぜ受動力に関わる質量まで入るのか？（ⅱ）絶対空間と絶対時間を前提せずに、どうやって速度を決めるのか？　これら二つとも、かなりやっかいな問題である。

　一つ目の疑問に対しては、まず、能動・受動の区別がペアを組まなければ意味づけ不可能であることを想起しなければならない。能動だけ、受動だけを切り離した力学現象はありえない。運動速度とは、「何か」が運動する速度であり、運動そのものを分離することは不可能である。そこで、「何らかの物体」の運動を考えることになるが、その物体には本性上、受動力が備わっている。たとえば、他の物体と衝突する運動の場合は、二体間の相対速度 v と慣性質量 m の積 mv が運動の法則に関わる重要な概念となる。また、一つの物体単独での慣性運動でもニュートンの第一法則（慣性の法則）が成り立つので、受動力の「慣性」が含まれており、ここにも何らかの速度が含まれるはずだから、インペタス mv が出てくる。しかし、ライプニッツでは、さらに「運動には瞬間的な何か以外には、すなわち変化に向かおうと努力する力以外には、実在するものはない」と言われたことを想起しなければならない。したがって、インペタス mv は、実は「瞬間的なインペタス」がいわば積算されたものだと言わなければならない。これが、ニュートンとはまったく異なる事情である。

> 運動には、現時点の、あるいは瞬間的な要素と、同じ運動が一定時間継続したものとが区別できる。（中略）時間を通じた運動の数量は、無限に多くのインペタスからもたらされる・・・（**AG** 120-121）

　そして、この事情は、ライプニッツでは切り捨てることができない。なぜなら、力学的運動には必ず実体の状態遷移が伴っているは

ずだからである（状態遷移と運動との部分的同型性）。これは、速度の変化がない慣性運動にも当てはまることとなり、ライプニッツの「派生能動力」は、ニュートンの考えた力（第二法則）とはきわめて鋭く対立することになる（以下で詳述）。

では、二つ目の疑問（ii）についてはどうか。時空の問題は第2部で扱うので、ここでは十分には論じられないが、ライプニッツの基本的な答えは、「物体の相対的な速度」、すなわち、他の物体との関係のみで決まる速度だけで動力学は可能だということになろう。これは「言うは易く行うは難し」で、古典力学に限定してさえ、きちんと実現されるのは20世紀にまで持ち越される（内井2006a、第IV章参照）。しかし、ライプニッツがその「インスピレーション」を得たはずの事例は、以下でいくつか紹介する。

以上のような力の分類は、形而上学と動力学の二つのレベルにまたがるものであり、しかも『モナドロジー』に至るライプニッツの後期哲学で一貫して維持されるものなので、その「基盤」についての彼自身の最も明確な言明をここで引用しておく。彼が1698年から1706年まで文通を交わした、オランダのデ・フォルダー（Burchard de Volder, 1643-1709）宛書簡（1703年6月20日）の一節である。「エンテレキー」、「アニマ」（「魂」という邦訳が一般的だが、わたしはあまり使いたくない）という新しい言葉が出てくるが、これは「形相」の別名で、ライプニッツはいずれも多用する。

　それゆえ、わたしの区別は次の通りです。(1) 原初的エンテレキーすなわちアニマ、(2) 質料すなわち原初的な質料あるいは原初的受動力、(3) これら二つよりなるモナド、(4) 二次質料、すなわち無数の従属的モナドが一緒になった組織的機械、そして (5) 動物、すなわち物体的実体で、これは支配的なモナドが一つの機械にまとめ上げたもの。(**AG** 177)

「組織的機械」という新たな概念が出てきて、これは「単なる集合体」(寄せ集め)と対比されるものだが、それは後に解説する。しかし、この引用文から、派生力の基盤がアニマ(能動力を持つ)と原初的質料(受動力を担う)とにあることは明白であろう。ただし、現象界の物体は、集合体であれ組織化されたものであれ、その基盤には無数のモナドがある(要するに、それらのモナドがコード化を経て「物体」として現れる)ので、派生受動力もまたそれらモナドの受動力が現象界で(物体の境界に至るまで)繰り返し積算されて、一つの物体全体の不可入性なり慣性なりになることを注意しなければならない。

以上の分類を、表にまとめておく(「第一質料」と「原初的質料」は同義)。

表2　ライプニッツ、力の分類

	能　動	受　動
原初的	アニマに所属	第一質料に所属
派生的	運動のインペタス(瞬間的、あるいは積算されたもの)	物体の不可入性および慣性(物体の部分から全体にわたる)

これまでに見ただけでも、ライプニッツの動力学の進め方がニュートンとはきわめて異質であることがわかったはずである。わたしは、必ずしもライプニッツの肩ばかり持つわけではない。科学理論を展開する場合には、哲学的な問題はできるだけ切り捨てて、強引であろうが天下りであろうが、簡明な概念規定から始めて理論構成をおこなったほうが、他の人たちには断然わかりやすい。これがニュートンの長所であり、歴史的にはそれが大成功を収めた。他方、ライプニッツは、ニュートンが切り捨てた力学の「基盤」の問題を

徹底して追究しようとした。そのため、動力学そのものは未完に終わったし、基盤の解明も未完のままで残された。それにもかかわらず、ライプニッツの筋道をたどっていけば、300年たっても通用しそうな斬新で先進的なアイデアが随所で現れて読む者（ただし、テキストを適切に理解した者）を魅了する。

第4章

慣性運動の扱い

14 慣性運動と能動力

「動力学試論」で表だっては論じられていないが、ニュートンの第一法則、「慣性の法則」と力との関係がライプニッツではどうなるのか、角を立てて論じておく必要がある。それによって、「派生能動力」の役割と、動力学と形而上学との関係がさらに具体的に明らかになるはずである。ニュートンでは、慣性運動は加速度のない運動なので、第二法則で現れた力は働かない運動である。しかし、ライプニッツでは、話が変わってくる。それを論じる準備として、ライプニッツが創始した新しい幾何学、「状況分析」について、ここで簡単にふれておくのが適当であろう。

デ・リージの研究が明らかにしたように、「状況分析」は形而上学と幾何学をつなぐ重要な役割を果たす。そして、幾何学は空間の構造に関わる。したがって、幾何学と動力学にも密接な関係があるはずである。その関係の追究がどのような過程をたどったかはライプニッツ学者に解明していただくとして、わたしが指摘したいのは、ライプニッツが晩年に「状況分析」を掘り下げた論考として「数学の形而上学的基礎」(1714)を書き残していることである。そこでは、

運動は端的に「状況の変化」であると定義される（すぐ後で引用する**Loemker** 668）。しかも、すでに6節で取り上げたデカルト派物理学批判の論文（1702）でも、幾何学（状況分析）と動力学とのつながりについて、次のようなコメントがある。

> 以上より、物理学は、それが従属する二つの数学的学問、幾何学と動力学の原理を使うということが出てくる。・・・しかも、外延の学問である幾何学それ自体は、算術に従属する。というのは、すでに述べたように、外延には繰り返しあるいは多が含まれるからである。また、動力学は、原因と結果を扱う形而上学に従属する。（**AG** 251-252）

ここで「算術」が出てくるのは、ライプニッツの幾何学では、解析幾何学の手法をすべて閉め出し、量的計算の必要がない「質的な考察」だけで展開できる手法が追究されるからである。それには、ライプニッツの哲学で重要な「質と量」の区別が絡んでおり、「量」は現象にのみ所属するが、現象と実体との対応関係は「質的」なものになるという見解が背後にある。

では、「状況」とは何か。日本のライプニッツ研究者の間で、「状況分析」は「位置解析」と翻訳されていることを承知の上で、わざわざ「状況」という語を使うのには理由がある。「状況 situs」は、位置を示す点ではなく、あるものと別のものの間にある「関係」を表す。それゆえ「位置」は誤訳である。たとえば、（ユークリッド幾何学での）三角形 ABC は、アルファベットで表した三つの点を直線でつないで得られる一義的な図形であるが、同時に「A と B の（距離）関係」、「B と C の関係」、および「C と A の関係」から構成される「三点間の状況」を表すと見ることもできる。つまり、状況とは複合的関係にほかならない。そして、とりあえずこれだけのことを理解しておけば、慣性運動と（派生）能動力との関係が見えやすくなってくる。

そこで、ライプニッツ晩年（1714）の「数学の形而上学的基礎 *Initia Rerum Mathematicarum Metaphysica*」（**Loemker** 所収）から、一つ重要な箇所を引用しよう。

> **運動**は状況の変化である。あるものが**運動する**とは、そのうちに状況の変化があり、加えてその変化の理由もある場合である。
> （**Loemker** 668）

これに該当する好例として、図3のような慣性運動を考察してみよう。

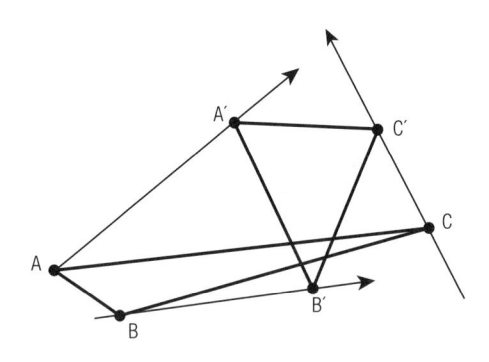

図3　慣性運動と状況の変化

物体 A、B、C はいずれも図のような経路で慣性運動をおこない、A′、B′、C′ に移動するとしよう。もちろん、ニュートン的な力（つまり、彼の第二法則で加速度と関係づけられた力）は働かない。しかし、ライプニッツの定義によれば、三つの物体の間の状況には変化がある。すなわち、三点が形成する三角形（太線で示した）は、物体の移動に伴って形を変えていく。しかもそれぞれの慣性運動には「相対的な速度」があって、それぞれのインペタスを持つ（つまり能動力を

含む)ので、この状況の変化には「理由」もある。つまり、これらの慣性運動で、ライプニッツの見解では「能動力」が働いているのである。

15　運動にはモナドの状態遷移が伴う

　図3の解説で明らかなように、「ニュートン力学の先入見」を捨てて考えてみれば、ライプニッツの動力学の考え方にはきちんと筋が通っており、どこにも矛盾はない。さらに、わたしの情報論的解釈を補えば、運動には実体（モナド）の状態変化が基盤として伴っているので、形而上学的な説明も提供することができる。

　その際、注意しなければならないのは、現象の世界の「物体」と、実体（モナド）との関係である。この問題は多くの解釈者の間で見解が異なるものの、ある種の「共通見解」は取り出せる。物体の正確な「存在論的身分」にかかわりなく、物体は(ⅰ)組織化され、単一のモナドに支配される「神の機械」(生き物)であるか、(ⅱ)モナドの単なる集まり（組織化を欠く）を表現するものであるか、いずれかである。しかし、仮に(ⅱ)であったとしても、動力学で扱われる物体には「観念的な同一性」（すなわち、われわれ人間がそう見なすということ）が認められており、その物体が分裂する場合を除けば、力学の研究対象としては(ⅰ)の場合と区別されないのである。たとえば、以下で出てくる二つの物体の衝突運動の場合、二つが(ⅰ)、(ⅱ)いずれであっても、適用すべき力学法則は同じである。また、(ⅱ)の場合でも、物体の部分には常に厳密な同一性を持つ(ⅰ)の組織体が存在する（なぜなら、**同一性**のない要素は集合体の部分にさえなりえないから）ので、結局(ⅰ)の意味での物体を扱う動力学で、原理的にすべての物体が扱えるはずである。そして、後にもっと詳しく論じる

つもりだが、(i) の 意味での物体は、実は、20世紀のフォン・ノイマン（John von Neumann, 1903-1957）が提唱した「セルラー・オートマトン」（多数の要素オートマトンが組織化されて、より高度のオートマトンを形成する）のアイデアを先取りしたものだったというのが、わたし自身の解釈である。単一のモナドだけでなく、モナドが（神により）組織化されたレベルでも、情報論的解釈は一貫して維持できる。

　以上の難しそうな区別の話をはさんだのは、「物体」の理解が(i)(ii)いずれであっても、物体の間の関係は、最終的にはすべて実体（モナド）の間の関係に基盤があることを確認するためである。したがって、ライプニッツによれば無限分割可能な物体の、どのレベルにおいても、物体相互の力学的関係、作用、運動には、すべてモナドの情報活動が基盤を与えていることになる。モナドの情報活動とは、すでに指摘したとおり、各モナドに固有の遷移関数にしたがった状態遷移である。そして、モナドには能動力と受動力が備わっていたことを想起されたい。状態遷移にはどちらも関わる。したがって、それが現象界の運動で表現されるときも（派生的）能動力と受動力の両方が関わる。インペタス mv が、現代物理学でいう「運動量」の表現となって、受動的な質量 m と能動的な速度 v の二つの要素を含んでいたのは、まさにそのためである。慣性運動にも能動力が関わるというライプニッツの見解は、以上のことからの論理的帰結にほかならない。

第5章

活力と死力

16　加速度はどうなるか

　ライプニッツの「力」に対する誤解を未然に防いだところで、「動力学試論」の本論に戻ろう。力の分類に続いて、ライプニッツのもう一つの重要な区別、「活力と死力」が導入される。これまた「古色蒼然」ではないかという印象を持つ人が出るかもしれないが、この区別には、実はライプニッツの画期的な見解が含まれている。加えて、この区別に基づいて、ニュートンの「加速度」が再現できるところがおもしろい。つまり、ライプニッツは、ニュートンとはまったく異なる道具立てから出発して、ニュートン力学を再現する方策も用意していたことになる。しかも、後に論じるように、前述の「画期的な見解」を活用すれば、ニュートン力学と相対論を橋渡しできる道も（もちろん、ライプニッツはそれと知らずに）用意していた。そのことを解明するためにも、以下の少々面倒な解説が欠かせない。現代の科学教育で刷り込まれた「偏見」を取り除かないと、ライプニッツの「論理的な理論構成」は、思いのほか「難解」に見えてしまうのである。

　まず、「活力 vis viva」とは、現代物理学での運動エネルギー（ある

いはエネルギー一般) に対応する概念である。エネルギーとは、ある力 (ニュートン的力 F) が継続的に s の距離にわたって働き続けたときになす「仕事」(これは、物理学での専門用語である) の量と等しい。たとえば、10 kg の荷物を 1 メートル運ぶのと 10 メートル運ぶ (ただし、一定の力で) のでは、仕事 (エネルギー) の量は 10 倍である。運動エネルギーの場合は、速度 v の物体が何かに当たって動かしながら止まるまでに成し遂げる仕事の量と等しいが、この場合は速度が変わり、力も変わるので、積分 (変化していく仕事の量を連続的に足し合わせていく) で求めるところが違うだけである。自動車教習所で習うように、同じ重さ (質量) の車でも、時速 10 キロの場合と 30 キロの場合とでは、運動エネルギーは 3 倍ではなく 9 倍 (速度の 2 乗に比例) となるので注意が必要である。

活力と対比されるのは「死力」である。しかし、活力も死力も、ともに (派生的) 能動力であることに注意しなければならない。死力は、「無限に小さな衝動」であり、別名としては「そそのかし sollicitatio」あるいは「努力 conatus」といわれることも多い。ただし、これは比喩ではなく、微積分の数学を踏まえたライプニッツ流の「専門用語」である。実は、1689 年に出版された「天体運動の原因についての試論」(**著作集 3** に邦訳、以後「惑星運動論」と略記) でこういった道具立てが微積分の数学で表現され、応用されており、「動力学試論」ではそれをもっと一般向け、哲学的に解説しているのである。「自然は跳躍せず、連続的に変化する」という連続性の原理を奉じるライプニッツにあっては、いかなる変化も無限に小さな程度から連続的に増大する。しかし、その始まりは文字通りのゼロではありえないので、「無限に小さな」能動力であり、それが死力である。そこで、たとえば速度を v で表すなら、速度の始まりや変化をもたらす「無限に小さな衝動」は dv と表現される (現代の微積分の記号はライプニッツに由来する)。この死力または「そそのかし」が積み重なっていくことで、速度の変化が生まれ、ニュートン流の「加速度」が再現され

る。それを解説する前に、すでに10節で引用した「運動には瞬間的な何か以外には、すなわち変化に向かおうと努力する力以外には、実在するものはない」という言葉を思い出していただきたい。ライプニッツの動力学で、「死力」はこの主張を踏まえて出てきたものである。

さて、ライプニッツ流の「加速度再現」の仕方を示す最善の例は、1705年に出版された惑星運動論の「解説」（著作集3 433）に出てくる図3.3である。それをやや簡略化して書き直したのが、図4である。

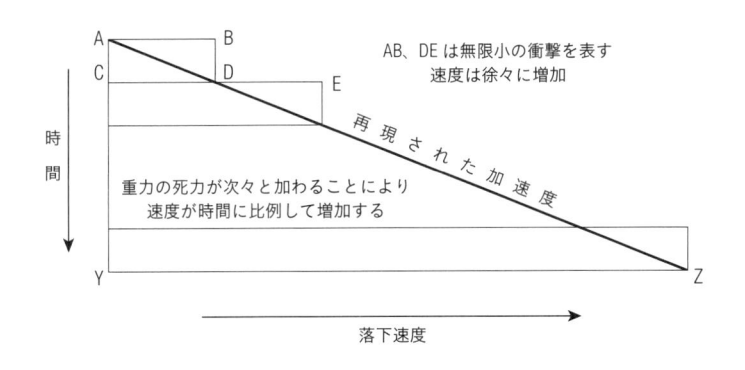

図4 自由落下の一様加速度

これは、ガリレオ (Galileo Galilei, 1564–1642) の自由落下の法則でよく知られた、重力による「一様加速度」をライプニッツがどのように再構成するかを示したもの。重力だけでなく、遠心力や弾性力も、ライプニッツでは死力に分類される。いずれの場合も、無限小の死力が次々と加わっていくことによって速度が変化し、活力の違いをもたらすこととなる。この方策は、一見回りくどいように見えるが、ライプニッツには「重力の遠隔作用」は認められないので、近接作

用のメカニズムによって加速を説明しなければならないことを銘記されたい。速度増加は、新たな衝撃が加わるごとに「階段状に」増加するように思われるかもしれないが、「連続性の原理」によって、自然の過程では滑らかな速度増加となる。後に詳しく論じるように、力学的相互作用はすべて弾性衝突が担うことになる。

図3は重力による一様加速度という特殊な場合であるが、一様でない一般の場合にも拡張できることは、「惑星運動論」において示されている。その扱いについては、いまや、ライプニッツ研究の古典の一つとなった、ベルトローニ・メーリの研究（1993）を参照されたい。彼の研究により、「ニュートン力学の偏見に汚染された科学史家たち」（ニュートンの伝記を書いた高名な歴史家も含まれる）の誤りが正された。たとえば、彼も引用するデ・フォルダー宛の手紙（**GP2** 153-163、日付が欠落しているが、1698年以後のいつか）でのライプニッツの解説を参照すれば、重力の死力と、自由落下する物体が持つ活力との関係は、次節の通りである。

17　死力と活力の関係

話を簡単にするため、重力による自由落下の例を続ける。重力による「そそのかし」（死力）が、落下する物体の持つ活力にどうつながるのか。ライプニッツの説明は、概略、次のように理解できる（Bertoloni Meli 1993, 88-90）。落下する物体の速度を増加させるために死力が蓄積していくには時間を要する。そして、落下する物体が増加した速度で落下を続けるにも時間を要する。つまり、速度増加のために時間がかかり、増加しつつある速度での落下にまた時間がかかるという「時間の入れ子構造」に注目しなければならない。そこで、変わりつつある落下速度を x、それを増加させつつある無限

小の死力を dx とすれば、落下を始めて時間 t の後にその物体が得る活力（増加分）は、積分で得られることになり、時間のファクターが入れ子になる分、2乗（t^2）となって入るはずである。ガリレオの自由落下や斜面運動の法則でよく知られているのは、単位時間が1、2、3と増えるにしたがって、それぞれの単位時間で落下した距離（増分）が1、3、5と増えていくという奇数列の法則である。これを単位時間ごとに加算していくと、4、9、16という、距離となる。つまり、時間の2乗は距離に対応する。そして、この「距離、あるいは時間の2乗」が活力の大きさを示す。

> 速度は時間とともに一様に増加しますが、絶対的力［活力］は距離、あるいは時間の2乗とともに、つまり結果とともに、増加します。（**GP2** 156）

そして、ライプニッツが同じことを微積分の記号を簡略化して使った表現が、（変化する）速度と死力を掛け合わせた xdx を積分して得られる xx（速度の2乗）である。これに質量 m と積分から生じる½のファクターを追加すれば、運動エネルギーの式が得られる（ライプニッツにとっては、速度の2乗が本質的だから、その他のファクターは省略されることが多い。これもベルトローニ・メーリによる指摘。第1部への注記3を参照）。

さらに、ベルトローニ・メーリの研究によれば、「惑星運動論」に至る草稿で、ライプニッツは死力 dx と無限小距離 ds の積（$dxds$）を積分すれば速度の2乗に比例する活力が得られることを発見している。（Bertoloni Meli 1993, 114, 154）

以上のように、ライプニッツの動力学においては、加速度よりも死力の方が基本的だが、結果的にはニュートン的な加速度を再現できるし、活力に相当する運動エネルギーも死力から導出できるのである。

18　物体の内部エネルギー

　物体の活力について、ライプニッツはさらに新しい区別を提唱する。それは、(a) 全体活力と (b) 部分活力の区別で、(a) は与えられた物体全体に含まれている活力、(b) は物体の諸部分に帰属する、いわば「内部エネルギー」ともいえそうな活力である。(b) はさらに二分される。(i)「相対的／固有」な活力は部分に限定されており、他の部分との相互作用で働く。(ii)「方向的／共通」な活力は、物体全体の運動方向を決め、他の物体との相互作用（衝突など）で物体全体の反応を定める。これら二つ、(i) と (ii) を合わせたものが (a) の全体活力にほかならない。

表3　物体の全体活力と部分活力

部分活力	(b-i) 相対的、部分に固有の活力	部分間での相互作用の働きが持つ活力
	(b-ii) 方向的、共通の活力	物体全体の運動方向を決め、他の物体との衝突などにおいて物体全体の反応に関わる
全体活力	(b-i) と (b-ii) を合わせたもの	

　この区別、物理学に疎い読者には、その必要性がわかりにくく、見過ごされてしまうかもしれない。事実、ホイヘンスもニュートンも (b-ii) しか扱わなかった。相対的な活力 (b-i) に相当するようなものが物理学の話題に入ってくるのは20世紀になってからのことである（分子や原子内部の「核力」に姿を変えて）。しかし、この区別をラ

イプニッツの時空論（本書第2部）と関係づけて読めば、すでに予告したように「画期的」な内容を持つ。その意義を解説してみよう。

実体界のモナドは不可分な統一体であるが、現象界の物体は無限に分割可能で、決してアトムのような不可分の対象にはたどり着かない。そのため、物体内部には無限の階層にわたる構造があり、どのレベルでも部分間の相互作用があり、レベル間でも相互作用がある。物体や、一見空っぽに見える空間にも流動体物質である「エーテル」が行き渡って充満している、とライプニッツは考える。そのエーテルも相互作用にあずかる。では、その「相互作用」とはどんなものだろうか。機械論哲学を奉じたライプニッツにとって、この相互作用はやはり運動以外のものではありえず、その部分を構成している小物体の衝突運動にほかならない（第3部、74節で詳述）。ということは、物体のどの部分においても、やはり活力があるので、(b-i)が出てくるのは必然である。他方、(b-ii)の方向的（共通）活力は、物体全体の運動を扱う際に不可欠である。たとえば、ホイヘンスらが解明した衝突運動の法則では、この活力のみが研究対象とされる。わたしが画期的だと思うのは、(b)の二分法で、(b-i)がまさに「物質に含まれている内部エネルギー」に相当するからである。しかも、これを扱う運動法則は(b-ii)の場合とまったく同じである。ライプニッツの哲学に特徴的な、「マクロからミクロのレベルすべてにわたって同じ構造が繰り返される」という主張が、ここでも貫かれている。

そして、次のことに注目しなければならない。「物体の部分間の相互作用の活力」が、もし取り出しうるとしたなら、物体の運動のみならず、「物体そのもの」（どのレベルでも常に活力を内蔵する）がエネルギーの供給源になりうる。これは、ライプニッツが引きずっていた理論的制約（物質内部での相互作用として、彼は弾性衝突しか知らなかった！）こそあるものの、実質的には20世紀中葉の「核開発」の話と重なりうる。もちろん、彼には「核物理学」など知るよしもな

かった。しかし、本書第2部で論じる時空の物理学と(b-i)を結合すれば、アインシュタイン（Albert Einstein, 1879-1955）の特殊相対論が予見した「質量とエネルギーの等価性」を先取りしたものになりうる。事実、第2部で、わたしはこの「推測」に信憑性を与える議論をしたいと思う。

　ライプニッツは、物体の相互作用を「弾性衝突」に徹底して還元しようとした、希有な哲学者である（Bertoloni Meli 1993, 50-55）。重力さえも世界（あるいは、空間？）に備わった一種の「弾性力」だと見なすアイデアさえある。しかし、弾性衝突においてさえ、物体が常に弾性によって元の形に復元するわけではない。衝突によって変形が残り、物体全体の運動エネルギー（活力）が失われたように見えるケースも生じる。その際、(b-i)は「一見失われた活力」の在りかとして活用される。これを考え合わせると、先のわたしの推測は、決して根拠のない妄想ではない。

第6章

衝突と運動の相対性

19 運動の相対性

　衝突運動の研究は、17世紀の物理学では花形分野であり、ライプニッツのパリ時代、数学の指南役となったホイヘンス（Christiaan Huygens, 1629-1695）も重要な貢献をした。その業績を踏襲したライプニッツは、さらに独自のヒネリ（前節の「部分活力」だけではない）を加えて、自分の動力学および（間接的に）形而上学にも取り入れた。「動力学試論」第2部はライプニッツ存命中には出版されなかったのだが、そこにもライプニッツ独自の見解が披露されている。彼は、衝突運動に連続性の原理を適用し、活力の保存則を弾性力と関係づけるのである。

　この方針は、もちろん、彼の形而上学の考えと密接に関係している。物理学に「力」に関する考察を持ち込むかどうか、それが実体の世界を知る手がかりになるかどうか。これはわれわれの知識が数学的な知識にとどまるか、それとも実体の世界にまで及ぶのかどうかの分かれ目である。ライプニッツでは、「被創造物たる実体においてさえ、力は絶対的に実在するもの」だから、派生力が働く力学法則を知ることにより、実体について知識が得られる。他方、

幾何学的概念（大きさ、形、およびそれらの変化）しか含んでいないと見なされる場合、運動とは状況の変化にすぎない。そして、・・・**現象に関する限り、運動は純粋に関係である**・・・（パラグラフ 37, **AG** 130）

「純粋に関係である」とはどういう意味か？ それは、ライプニッツが「異なる仮説の等価性」と呼ぶ、「運動の相対性」のことである。ライプニッツは、師のホイヘンスからこの主張を受け継ぐ（Barbour 2001, 462-468）。たとえば、プトレマイオスの天動説とコペルニクスの地動説は、天体運動の数学（幾何学）としては、しかるべき調整を行えば、数学的に等価にすることができる。最もわかりやすい例をとるなら、点Aを中心とした円運動は、その円周上の任意の点Bを中心とした円運動に簡単に変換することができ（回転関係は同一）、どちらの記述が「本当」かわからない等価なものとなる。

20　相対性は衝突運動にも拡張される

　ライプニッツは、この運動の相対性を（ホイヘンスに従い）衝突運動にも拡張する。多数の物体が運動する場合でも、どの物体が「本当に静止している」とか、あるいは「この物体の絶対的な速度はしかじかである」とかは決められない。

以上から、次のことが出てくる。・・・**異なる仮説の等価性は、複数の物体が互いに衝突する運動の場合でも、衝突の際の［相対］速度が変わらなければ、変わりなく成立する。それゆえ、運動の法則を定めるに当たっては、運動の相対性が維持されなければな**

らず、衝突から生じる現象に基づいては、衝突前のどこに静止や絶対的で確定した運動があったかを示すことはできない、というようにしなければならない。(**AG** 131)

そこで、ライプニッツの結論は、「物体の相互作用あるいは衝撃は、互いの間の相対速度が変わらない限り同一である」(同所)ということになる。さらに、これまで論じた物体と力の概念から、次の二つの「哲学的」な結論も導かれる。(1) 実体に生じることは、その実体の本性により自発的に、かつ順序通りに生じると理解できること、また (2) いかなる変化も跳躍によって生じることはないこと (**AG** 131)。わたしの情報論的解釈は、まさに (1) によって強力に支持される。(1) の推論は、実体 (モナド) の原初的力と物体の派生的力との対応関係に基づくことが一目瞭然であるし、「新説」で打ち出された「オートマトンとしての実体」の考えが、ここ (動力学の論文) でも繰り返されているのである。さらに予告しておくなら、(2) の連続性の原理は、第 2 部の時間論でも決定的な役割を演じることになる。

以上のような一般論の後、これらの結論の意義を具体的な力学現象で確認するために、衝突運動の例が示される。以下では、その例を少々簡略化して解説するが、その埋め合わせとして、ライプニッツが簡単にしかふれていない、より一般的な衝突運動の例を後に補うことにする。

まず、大きさ (質量)、形 (球体) の等しい二つの物体が一直線上で正面衝突し、跳ね返ると考えてみよう (図 5)。

この古典的な例も、ライプニッツの形而上学を背景とした扱い方では、随所にヒネリが入る (ので注意深く理解しなければならない)。ライプニッツの見解では、いかなる運動の変化も瞬間的に生じることはないし不連続で生じることもない。したがって二つの物体 A と B が衝突する際、二つとも接触した瞬間から、衝突の際の活力に

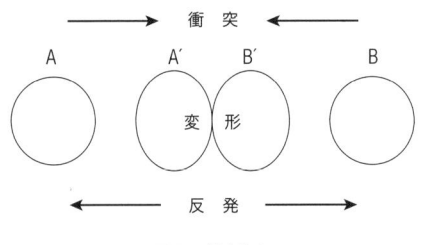

図5 弾性衝突

よって（作用と反作用は等しいので、どちらの物体にも同じ力が働き）連続的に変形を始め、衝突の際の相対速度の減少が連続的にゼロになるまで続き、それとともに変形に伴う物体内部の圧力は最大に達する。その状態が図の A′ と B′ である。そこから反発が始まるが、反発の力は、蓄えられた内部圧力、すなわち弾性力であり、変形が元に戻るにつれて、物体を逆向きに動かす力（加速力）となって、加速度がゼロになるまで連続的に働く。物体が完全な弾性球であれば、両物体は衝突の際と同じ速度で、逆向きの運動となって離れていく。

21　ライプニッツ流の「活力保存」

　この解説で、いくつか確認しておくべきことがある。物体の力による変形や反発、弦の振動などに見られる「弾性」の研究はすでに17世紀の中頃には盛んであり、1670年代の若いライプニッツもそれを取り入れている。しかし、ライプニッツを際立たせているのは、力学研究で「弾性」にきわめて重要な役割を与えた、その徹底ぶりにある。図5のような弾性衝突で運動量や活力（運動エネルギー）が全体として保存されることは、すでにホイヘンスも知っていた。し

かし、通常の扱いでは、衝突によって運動量やエネルギーのやりとりが生じ、それぞれの物体の初期速度に依存して衝突後の速度が変わる（したがって、運動量も運動エネルギーも個別の物体ではそれぞれ変化する）。

　これに対し、独自の形而上学を踏まえたライプニッツは、活力の保存が個々の物体ごとに成り立つことを示す一例として図5を使うのである。そのためには、「二物体の間の相対速度が衝突後の変形によりゼロになり（それゆえ、相対速度はゼロとなるので運動エネルギーもゼロ）、それぞれの活力が失われるように見える」事態を説明しなければならない。そのために、衝突の際の活力が、基本的には死力とみなされる「弾性力に変換され」（減速）、さらに「その弾性力が再び活力に復元される」反発運動（加速）というプロセスが必要となる。しかし、それを認めれば、衝突運動は、ライプニッツが言うとおり、衝突の際の「相対速度」だけで扱えることになる。また、前章18節で解説した部分活力の「固有」（図5のケースでは弾性力に対応）「共通」（相対速度に対応）の区別も見事に活用されている。

　以上の「個別の物体ごとの活力保存」という主張は、近代物理学の常識からすると驚くべき（異端の）見解であるが、ライプニッツの形而上学と照らし合わせると、論理的に筋が通っている。また、わたしの情報論的解釈からしても当然である。個々の物体には、組織化（一つのアニマが統括）されたものであれ、単なる集合体であれ、それぞれ一つのモナド群（組織化された群であるなしにかかわらず）が対応するはずである。すでに強調したように、そのモナド群の情報は保存される。情報は「原初的力」に対応するから、当然保存される。そうすると、現象界でその力に対応するはずの「派生的力」に保存則が成り立つのも当然のこととなる。それが、個別の物体ごとの活力保存にほかならない。

　さらに、ライプニッツは、二つの物体の変形と反発が、衝突を契機として「自発的に、かつ順序通りに生じる」ことに注意を促す（**AG**

134)。それに続くライプニッツの文章は重要なので引用しておく。

> **衝突において、二つの物体は互いに等しく作用を及ぼし、また作用を及ぼされる。**そして、結果の半分は一方から生じ、半分は他方から生じる。(**AG** 135)

つまり、二つの物体は互いに他方に作用を及ぼし (能動的)、かつ他方から作用を及ぼされる (受動的) のであるが、いずれもその物体自体が持つ本性 (派生的力) にしたがった反応である。「自発的に」とは、現象のレベルではそういう意味であるが、すでに 20 節で見た実体に関する言明を想起していただけば、使われている言葉はぴったりと一致するので、これは、(無時間の) 実体に起きることを (時空の中での) 衝突現象にコード化した「同型の」記述だと理解できる。

22 重心系への拡張

もちろん、これだけの大胆な主張をする根拠として、前述の単純な例だけでは不十分である。そこで、ライプニッツの議論を補強するために、ホイヘンスに由来するより一般性の高い例を紹介しておこう (ホイヘンスの衝突運動に関する業績は、Barbour 2001, 9.4–9.5 で詳細に分析されている)。今度は、大きさ (質量) の異なる二つの球体の、直線上での衝突を考えてみよう。これを考察するに当たって、ホイヘンスは「重心系」という観点をとる。ホイヘンスもライプニッツも「運動の相対性」(19 節の「異なる仮説の等価性」) の支持者だから、目的に応じて最も便利な系を選んで運動を記述して差し支えないと彼らは考える。「重心」とは、たとえば二つの物体のみを考える場合、二つの質量を天秤にかけてちょうど釣り合いが取れて水平になるよ

うな（仮想の）支点のこと。三個の物体であれば、まず二個の重心を求め、それと残り一個の間の重心を求める、という具合に拡張できる。一般には、与えられた物体系の質量分布に依存して求められるが、重要なことは、それらの物体が運動していても、系全体の重心にはニュートン的力（加速度）は働かず、重心自体は慣性運動しかしないという点である（ライプニッツは重心系の特質をよく知っており、「動力学試論」でも言及がある。**AG** 135）。

そこで、二つの物体が次図のように衝突して反発に転じる運動を考える。以前と同様、物体は完全な弾性体であると仮定する。この運動を、系の中心、すなわち重心の観点から見ると、運動の特質が非常によく見えてくる（図6）。

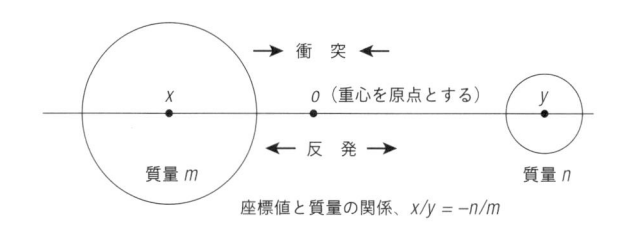

座標値と質量の関係、$x/y = -n/m$

図6　重心系での衝突運動

この運動で、重心 o を座標の原点とすると、二つの物体それぞれの重心が任意の時点でとる座標値 x と y は、それぞれの質量 m と n の比と反比例することになる（座標値は重心からの距離で、原点を境にプラスとマイナスの関係にあるから、図のようにマイナス符号が入る）。先に指摘した重心の特性から、重心を便宜的に「不動点」と見なしても衝突運動の一般性は何も失われない。そこで、重心の観点から衝突と反発をみると、二つの物体は一定の相対速度で重心に近づき、衝突して変形が最大に達して相対速度はゼロとなり、今度は反発の

加速運動に転じて逆方向に遠ざかっていく。変形が回復し、加速が終わった段階で、二つの間の相対速度は方向だけ逆転して、元と同じである。つまり、衝突後も二つの活力（運動エネルギー）は衝突前と同一で、しかも一つの物体ごとに見ても元と同じ、つまり保存されている。この発見自体はホイヘンスによるが、それを大胆に一般化してモナドの形而上学と結びつけたところに、ライプニッツの鮮やかなヒラメキが見られるのである。

23　すべての運動は直線運動から構成される？

「動力学試論」の終わり近く、ライプニッツは「惑星運動論」(1689)でも打ち出された主張を繰り返す。この主張が正しいかどうかはともかくとして、これを理解しておくと、ライプニッツの動力学がよほどわかりやすくなるはずである。

> また、力と力から生じる努力のみが、どんな時点においても存在する（前述の通り、運動は決して存在しないので）わけだから、そして努力はすべて直線上で働くわけだから、すべての運動は直線的であるか、あるいは直線的な運動から構成される、ということが出てくる。（**AG** 135）

要するに、微小な直線をつないでいくことで、曲線運動は多角形のような形で再構成できる、とライプニッツは主張しているのである。この見解がライプニッツでは維持されているので、彼はニュートン流の「加速度」およびそれに基づいた曲線運動をできるだけ回避し、直線運動のみで同等な運動を再構成しようとする。そこで、「努力」を数学的に表現する「そそのかし sollicitatio」という無限小の

量を使うのである（16節の図4を参照。階段状の加速度再構成は、「連続性の原理」により、滑らかな線となるはずである）。それが彼の動力学を、現代の読者に対しては難解にしている一因である。しかし、すでに何度も指摘したとおり、彼の動力学を「情報理論」としての形而上学と対応させて読んでみると、彼の「革新的」なアイデアと論理的な一貫性がよく見えてくるのである。

第7章

『モナドロジー』での能動と受動

24　ライプニッツ後期の形而上学

　前章までに検討したのは、主として1700年前後を中心としたライプニッツの動力学と形而上学であった。では、晩年の傑作『モナドロジー』(1714)を書いた頃、ライプニッツは同じようなアイデアをまだ維持していたのだろうか。それが次の検討課題である。問題となりうるのは、『モナドロジー』に「力」という言葉がほとんど出てこないことで、ただ48節で「神は力を持つ」と言われるのみである。しかし、その代わりに「能動・受動」の対と「作用を及ぼす・作用を及ぼされる」の対が頻繁に現れ、これが力学で用いられた派生力の能動・受動に対応していることは明らかだとわたしは考える。したがって、言葉遣いの上で「力」がほとんど現れないからといって、ライプニッツ後期哲学で「力」の分類が取り下げられたとは考えられない。何よりも注目しなければならないのは、モナドはみずからのうちに内的な作用の源泉を持つ「いわば非物質的オートマトンである」という、「新説」で現れたのと同じ主張が繰り返されていること。これは、モナドが持つ「原初的力」を別の言葉で言い換えたにすぎない。

わたしの理解では、『モナドロジー』でライプニッツは「情報論的転回」をさらに推し進めようとしている。その根拠として、彼が能動と受動の区別を、モナドがもつ「知覚の判明性」に関係づけようとしていることが挙げられる。モナドの「状態」は「知覚 perception」とも言い換えられ、すでに本書の5節でも述べたとおり、これは個々のモナドが「モナド界全体を表現する」という、いわば情報活動を表現しようとした言葉である。そして、知覚の判明性をもって「能動性」を定義しようとしたと解釈されうる主張もある。「能動・受動」の区別、およびそれと知覚の判明性との関係はかなり錯綜しており、きちんとした分析の上での解釈でないと使い物になりにくい。

25　モナド間のコミュニケーション

まず最初に指摘しておかなければならないことがある。それは、ライプニッツが、モナドは自足的で他のモナドとのコミュニケーションはないとはっきり主張する一方で、他方では一つのモナドが他に「作用を及ぼす」という言い方も頻繁に使うこと。もちろん、後の言い方は「観念的」であり、「あたかも一方が他方に作用を及ぼすかのように」神によってプログラムされているということの略式表現である。そこで、これをまず確認した上で、「能動・受動」、「作用を及ぼす・及ぼされる」の区別に関わる、二つの典型的なテキストを引用しておこう。その妥当な解釈が当面の課題となる。

> 被造物は、それが完全である限りにおいて、他に対して作用を及ぼすと言われ、それが不完全である限りにおいて、他から作用を及ぼされると言われる。かくして、われわれは、あるモナ

ドが判明な知覚を持つ限りにおいて能動性を帰属させ、混濁した知覚を持つ限りにおいて受動性を帰属させる・・・(『モナドロジー』49節)

そして、ある被造物が他より完全であるのは、そのもののうちに、他のものにおいて生じることのアプリオリな理由を見いだす限りにおいてである。それゆえ、われわれは一方が他に対して作用を及ぼすと言うわけである。(同、50節)

以上二つの引用文にはどんな問題が含まれているのか。まず、ライプニッツは、(1)完全なモナドと不完全なモナドの区別をつける。次に、(2)判明な知覚と混濁した知覚に対する言及がある。さらに、(3)モナド間での「作用を及ぼす」「作用を及ぼされる」の規定がある。そして最後に、(4)あるモナドが「他より完全」であるためには、「他のものにおいて生じることのアプリオリな理由がある」という必要条件が示される。これら四つの間にいったいどういう関係があるのか、少々考えただけではわからないのである。事実、高名なライプニッツ研究家たちの見解を見ても、なかなか納得のいく説明は見当たらない。

最初の(1)について、ライプニッツは、(2)とは異なる意味を示唆している箇所がある。『モナドロジー』41、42節において、「神は絶対的に完全である。完全性とは積極的な実在性の大きさにほかならない」と言われ、「被造物の完全性は神に由来するものであるが、不完全性は被造物みずからの本性に由来する」と続く。いったい、ここで言われた完全性は、(2)で言われた「判明な知覚」とどう関係しているのだろうか?

まず、神の完全性と被造物の完全性を言うとき、ライプニッツはモナドの「グレード」を意味していると考えられる。つまり、人間を構成するモナドと、天使や犬猫などを構成するモナドにはそれぞれ異なる「完全性の程度」があって、たとえば天使のグレードは、人

間のグレードより（絶対的な尺度で）はるかに高いはずである。そのようなグレードは、個々の知覚に帰属するものではなく、モナドの状態変化を決める「遷移関数」（原初的力）によって決まるはずのものである。

　他方、判明な知覚を基準にした完全性は、「この知覚についてはモナドAの方が判明だが、あの知覚についてはモナドBの方が判明だ」というように、知覚の内容によって、また場合によって、相対的に変わるはずである。そして、この点ではAの方が完全だが、あの点ではBの方が完全だということになって、「AがBに作用を及ぼす」と「BがAに作用を及ぼす」が場面によって違ってくる。したがって、絶対的な尺度は適用できない。これは、「知覚の判明性」という情報論的性質が、能動（作用を及ぼす）と受動（作用を及ぼされる）の力学現象での相対性（6章21節）に対応しうるというメリットはあるものの、「知覚」というモナドの一つの「状態」がなぜ「作用」というプロセスを起こしうるのか、という根本的な疑問に答えられない。

　ここまでの検討をまとめると、前述（1）〜（3）の線引きでは、いずれもプロセス、すなわち、ひとつながりの過程を説明するための区別としては不十分だということになろう。その点、最後の（4）には重要なキーワードが含まれている。ひとつのモナドが他のモナドに「作用を及ぼす」ためには、そのモナドのうちに「他のものにおいて生じることのアプリオリな理由がある」という条件がそれ。「アプリオリな理由」とは何だろうか？　それはすでに二つ前の段落で示唆しておいた。モナド内のプロセス（状態変化）を決めるものは、遷移関数しかありえない！　どのモナドも独自の遷移関数により状態を変えていき、その状態変化のさまが「あたかもこのモナドがあのモナドに作用を及ぼし、協調して進行しているかのように」見える、というのがライプニッツの言いたいことであろう。そして、どのモナドにおいても、その遷移関数は（神により）「アプリオリに与えら

れたもの」である。さらに付け加えるなら、それぞれの遷移関数（原初的力）は、神が全体の調和を（最適）設計し、それが実現できるようにプログラムしたものである。

以上を踏まえた上で次の引用文を読み直してみると、新しい意味が読み取れるかもしれない。

> モナドは知覚の対象に関して制限されているのではなく、対象に関する知識において制限されている。モナドはすべて、混濁してはいても無限の全体に関わる。しかし、モナドには制限があり、判明な知覚を得られる程度に応じて区別されているのである。（60節、**AG** 220-221）

この「判明な知覚を得られる程度に応じて」とは何を意味するのだろうか？　わたしの解釈はこうである。ここでは、個々の知覚が問題にされているのではなく、むしろ、モナドが「知覚を得る能力」が問題にされ、その能力のグレードに応じてモナドのグレードが決まることが示唆されている。これは、与えられたモナドの全体に関わる特徴であるから、状態あるいは知覚の変化を決めていく遷移関数のグレードの話だと解釈すべきであろう。このグレードの違いがライプニッツの形而上学で前提されていることは、モナド群の組織化、ひとつの組織を統括する支配的モナド（アニマ、エンテレキー）、組織体の階層構造などの記述から疑う余地がない。モナドの世界は「平等な成員からなる世界」ではなく、（観念的な記述であるとはいえ）「上から下へ無限の階層がある世界」である。そしてその上下関係は、モナドを特徴づける遷移関数によって決まるはずである。かくして、「知覚」ではなく、「遷移関数」（原初的力）に焦点を合わせて初めて、モナドの(1)「完全・不完全」の区別、(2)「知覚の判明・混濁」の区別、(3)「能動・受動」の区別、そして(4)「アプリオリな理由」と、ライプニッツが挙げた4つのファクターがすべてひとつにつながるので

ある。

　ちなみに、人間よりはるかにグレードの高い「知識能力」を持つ存在者、わたしが「ライプニッツのデモン」と名づける存在者の話が、先の引用文のすぐ次の段落（61節）で出てくる。これについては、時空の哲学と密接な関係があるので、第2部で再論する。

26　現象における作用とモナドにおける作用

　以上のように「能動・受動」を解釈する方針が見えてきたので、『モナドロジー』ではほとんど言及がない動力学の話が、モナドの能動・受動とどうつながるのか、簡単にスケッチしておくのが有益であろう。しかし、その前に『モナドロジー』に特有の用語法について、あらかじめ注意しておく必要がある。

　この後期の形而上学では、モナドの状態（知覚）の変化を表す言葉として「欲求 appetite, appetition」が導入される。「知覚」が一時の状態を表すのに対し、「一つの知覚から別の知覚への変化あるいは移行をもたらす内的原理の働きは、欲求と呼ばれる」（15節、**AG** 215）。つまり、わかりやすく言えば、内的原理とは遷移関数のことで、モナドの状態変化の全体を規制するのに対し、その同じ原理の「そのときどきの作用」が欲求なのである。そして、「知覚」も「欲求」もライプニッツ形而上学の「専門用語」であることに注意されたい。われわれが日常言語で使い慣れた「なじみの意味」に引きつけて理解しようとするのは厳に慎まなければならない。「知覚」は、われわれの意識的な知覚経験と無関係ではないにしても、はるかに広い抽象的な意味で使われており、「意識されてない知覚」も実はたくさんあると彼は考えている。そして、何よりも、専門用語としての「知覚」は、無時間世界での「モナドの状態」であることを忘れてはならな

い。したがって、「欲求」もまた無時間世界での「状態の変化」という意味が核心で、人間の欲求とは、「欲求が何かを変える」という程度のごく緩いつながりがあるにすぎない。本書で最初から「遷移関数」という抽象的な現代用語を使ってきたのは、日常言語との連想による余計な誤解を防ぐためであった。

　以上の予防策を講じた上で、現象界での力学的作用と、モナドにおける作用との関係を素描してみよう。わたしの解釈では、モナド界での作用はすべて情報的であり、モナドの遷移関数にしたがった「状態変化」につきる。その際、なぜ「能動・受動」、「作用を及ぼす・及ぼされる」の区別が絡むのか？　それは、モナドの原初的力自体に能動と受動の区別があるからである（本書13節参照）。そして、能動あるところには常に受動が伴うので、二つは切り離せない。さらに、ライプニッツの二種類の語り口にも注意しておく必要がある。モナドは、本当は(1)他のモナドと交渉しない。しかし、(2)「あたかも交渉があって協調が生まれるかのような」別の（観念的な）語り口も可能である。モナドの能動・受動、作用が語られるのは、この第二の語り口においてである。しかも、同じ内容は、最初の「自足的」モナドの状態変化のみを語ることによっても記述することができるはずである。

　これら二つの語り口は、実は動力学の展開においてもすでに示唆されていたことに、読者は気づかれただろうか？　第6章、衝突運動の取り扱いを思い出してみよう。通常の扱いでは物体間での相互作用が働く衝突についても、ライプニッツの扱いでは、衝突の相対速度が同じであれば、個別の物体の速度に関係なく、それぞれの物体ごとに活力保存が成り立つとされた。しかも、その過程を支えるプロセスは、連続性の原理にしたがった弾性の働きという、それぞれの物体に内在する派生力だけによって説明される。衝突は、そういった反応が「自発的に、かつ順序通りに生じる」ためのきっかけ（契機）にすぎない。これを、モナド間の「交渉」を語る(2)の語り口

を踏まえて言い換えると、「あたかも二物体が衝突で作用（力）をやりとりし、協調して働くかのように」衝突運動の法則が成り立つことになる。しかし、(1)の語り口を（おそらく）踏まえて、ライプニッツは「衝突は以後のプロセスの契機にすぎず、どちらの物体でのプロセスも、みずからのうちで自発的に進行し、活力保存がそれぞれの物体で成立する」と主張した。

　これに対し、「契機、きっかけ」とは何だ、と疑問が出るかもしれない。これは、紛れもない「交渉」の一種ではないのか？　しかし、異なる（実は、すべての）モナドの遷移関数において、現象界での「その衝突」に対応する状態遷移の箇所が（神のプログラミングによって）正確に対応づけられているので、「文字通りの交渉はないけれども、あたかも交渉による協調があるかのごとく」それぞれのモナドでの状態変化の系列が続くことになる。その「契機」に対応するのは、それぞれのモナドのうちでの「欲求」にほかならない。もちろん、現象界での衝突の瞬間、以後のプロセスが始まる「契機」は、それがコード化を経て現れたものである。これが、ライプニッツの見解であり、しかるべき読み方（つまり、情報論的解釈）をすれば、実に見事につじつまが合っているのである。

27　能動・受動の区別を本格的に解明するために

　前節の解説は、まだ素描にすぎない。ライプニッツ独自の語法による区別と論述がいったいどこに向かうのか、その「旅程」を読者に示すために、枝葉を省いて「本線」を提示しただけのものである。この「旅程」のディテールを埋めていくためには、わたしの情報論的解釈の不可欠な道具立てとなる「情報理論」のいくつかの概念を解説し、その理論の少なくとも基本的な部分を見ていただく必要が

ある。その作業を簡明にやるためには、チューリングマシンとそのプログラムを題材とするのが最適である。これは、わたしの長い経験に基づいた判断である。その解説のため、次章以下で、記号というよりも簡単なダイヤグラムのような表現を必要最小限にとどめて用いる。ほとんどのライプニッツ学者は、それに違和感を覚えるかもしれないが、ライプニッツの形而上学を適切に理解するために情報理論は不可欠である。この信念は、わたしがライプニッツ研究に足を踏み入れたこの十余年の間に強固に確立した。優れた論理学者でもあった彼と、当時まだ名前さえなかった「情報理論」との相性は、抜群によいのである。

第8章

チューリングマシンとプログラムの構造

28　チューリングマシンとコード化

　ライプニッツは歯車式の計算機を設計し、製作したことでも知られる。それと同時に、人間の思考を表現する「アルファベット」の構想と、そのアルファベットの組み合わせを用いることによって、前提から正しい結論を導くことは「計算」と同等になるとも考えた。そのような「論理計算」の体系ができたなら、そして十分な情報さえあれば、論争を解決するには「計算してみよう calculemus」と言って答えが出るという、夢のような構想も書きつけた（Antognazza 2009, 244。『形而上学叙説』の少し後の時期）。

　こういった事情に鑑み、「万能機械」の構想をライプニッツにまでさかのぼる見解もある（Davis 2011, ch. 1）。したがって、理論的な万能計算機の可能性を示したアラン・チューリングの計算理論を、ライプニッツ解釈に援用しようというのは、全然的外れな考えではない。そして、何よりも、万能計算とプログラム（ないし、それが実現する状態遷移関数）の関係を、最低限の数学的道具立てで示せるという大きなメリットがある。

　チューリングが「計算可能性」の本質を解明するための手段とし

て考案した(情報)機械は、有限個の状態しか持たない制御装置(つまり、有限オートマトン)と長さに制限のないテープ(つまり、蓄えられる情報に上限がない)とからなる(図7)。

テープ上に「0」の情報が入力されているチューリングマシン

・・・0 0 0 0 0 0 1 0 0 0 0 0・・・

図7　チューリングマシン

　この機械(制御装置)ができることは、(1)テープヘッドがスキャンしているテープの区画を読み取る、(2)その区画に「1」を書くか、あるいは「0」を書く(書かれている「1」を消す)、そして(3)ヘッドを右隣の区画、あるいは左隣の区画に移動させるという三つしかない。こういう動作を、スキャンした区画の情報(入力)に応じて、また制御装置を動かすプログラム(すなわち、この装置の内部状態を変えていく遷移関数を生み出す)にしたがって自動的に行う。

　問題は、テープの区画上の記号「1」「0」が何を表すのかというコードを決めなければ、「情報機械」とは言いがたいということ。コードの決め方(以下「コーディング」と言う)はまったく自由なのだが、ここでは「テープ上の記号配列で自然数を表す」という目的を天下りで導入する。ちなみに、「1、0」による二進法はライプニッツの発見の一つである！　そこで、前述三つの単純な動作だけで、この機械に「数を計算する」ことに相当しうるような働きをさせることができるか、というのがチューリングの問題提起だった。

　それで、図7に示したテープ上に、どのようなコードで自然数を表すかをまず決めなければならない(異なるコーディングはたくさん

可能)。本書で採用するコーディングは、以下の通り。

　まず、単一の自然数 n を表すには、$n+1$ 個の1が連続で並び(その前後はすべて0)、テープヘッドは1が始まる直前の0の区画にあるものとする。したがって、図7では0が表されている。単一の数だけでなく、テープ上には自然数の「順序つき n 個の数」も表現できる。たとえば、0、1、2と三つの数をこの順序で表すには、「1個の1、0、2個の1、0、3個の1」、その他の区画は全部0で、テープヘッドは最初の(左端)1の直前の0の区画にある、というコーディングを採用すればよい。

　そして、重要なことは、「このように定めたコードに即してプログラムを書かなければならない」ということである。コードとプログラムは連動し、不可分である。たったこれだけの事実を押さえるだけで、ライプニッツの神にもコーディングが不可欠であることが論証できるのである。

　チューリングマシンの記述にはいくつか異なる方式があるが、本書では神を「究極のプログラマー」になぞらえたので、「プログラムによる記述」という方式を採用したい。これは、ハオ・ワンという論理学者によって定式化されたもの(Wang 1957)。一般に、コンピュータのプログラムはいくつかの基本的な命令が順番に並ぶ系列(基本命令が種々の組み合わせで n 個連なる)であるが、チューリングマシンの場合には、動作が前述のように極限まで切り詰められているので、要素となる命令は次の六つしかない。複雑な手続きも、すべてこれらの組み合わせで表現される。

　右：ヘッドをテープの現在の区画の右へ一コマ移動せよ。
　左：ヘッドをテープの現在の区画の左へ一コマ移動せよ。
　書：「1」を書け(現在の区画にすでに「1」があるならそのまま)。
　消：「1」を消せ(「0」を書け、と同等)。
　k へ：現在の区画に「1」があれば、k 番目の命令に移れ、ただし、

なければ順番通り次の命令へ。
　止：止まれ。

　これら基本命令のうちでとくに重要な役割を果たすのは「k へ」という条件つき命令で、これを上手に使うことで、**同じ手続きを繰り返し適用する**という「リカージョン」が可能になる。たとえば、自然数は「プラス 1」という手続きを繰り返すことで、無限に続くことになるし、ある数に同じ数を加える足し算を何回か繰り返すことで掛け算になる。このリカージョンは、実はプログラムの心臓部分ともなりうるものだが、ライプニッツの哲学でも（この言葉こそないものの）、きわめて重要な役割を果たしている。いわく、「物質の無限分割」、「モナドは生きた鏡」（モナドが世界を映す、映された世界の中にそのモナドも映る）、「物質のどの階層においても弾性衝突が相互作用のもと」などなど。その威力については、以下の説明で追々明らかになる。

　読者（とくにライプニッツ学者）の誤解を防ぐために注意しておくが、わたしは「モナドはチューリングマシンとして解釈できる」と言おうとしているのではない。しかし、チューリングマシンの働き方と威力を理解しておかなければ、ライプニッツのモナドの働きはとうてい理解できないだろう。なぜなら、やがてわかるように、モナドは無限の世界を映しうるだけでなく、それ自体が、有限オートマトンではなく無限オートマトン（内部状態が無限個）になるからである。

　チューリングマシンによる具体的な計算例はすぐ紹介するが、まず、計算過程を表示する簡便な「記法」をあらかじめ決めておくのが便利だろう。その際、マシン（以下、このように略称）は、その動作を決定するプログラム P で代表させることにする。つまり、マシンのハードウェアではなく、ソフトウェアで機械を代表させるわけである。（簡単な限られた動作だけで、このマシンはすでに「汎用コンピュ

ータ」の資格を備えている！）

　マシンによる「計算」は、テープ上に「入力情報」 m が与えられた時点からスタートする（図7参照）。そして、動作が終了した時点でテープ上に残された記号列 n が「出力情報」である。これを表現するために、

$$m \ P \ \to \ n$$

　というダイヤグラムを使う。入力、出力ともに、すでに説明したコードによる自然数、あるいは自然数の有限個の組（数の間はコンマの代わりに0で区切られる）である。具体例として、与えられた自然数の「後続数」を計算する過程は次のようになる。

$$n \ S \ \to \ n+1$$

　このプログラム S は、「どんな数が入力されても後続数を出力する」手続きであることに注意されたい。この条件が満たされて初めて「**S は後続数の関数 $s(n) = n+1$ を計算する**」といわれる。これが、「マシンによる計算」の**定義**に相当する。そして、「計算可能」とは、「そのような計算のプログラムが存在する」という意味である。この定義は、日常言語やインフォーマルな算数では意味が多少なりともあやふやな「計算」の本質を、「厳密な手続きで決まる過程と結果」としての「計算概念」で解明する試みである。もちろん、S だけでなく、以下で紹介するプログラムはすべて前述6個の基本命令だけで書き表すことができるが、その解説は省略する。

29 プログラムの合成

　チューリングの「マシンによる計算可能性」の定義を厳密に紹介する必要はない。しかし、マシンのプログラム構造を『モナドロジー』の解釈に役立てるためには、同じ手続きを繰り返す「リカージョン」の威力、それもリカージョンが入れ子構造で使われる場合の威力を理解しておくことが重要である。複雑なプログラムでは、いくつものサブプログラムが構成要素となって全体のプログラムができる。その過程でリカージョンが生まれる。そこで、まず、その構成の仕方を説明しよう。

　二つのプログラムをつなげば、より長いプログラムができることはほとんど自明である。しかし、つなぐ「順序」が変われば、まったく違うプログラムになる。たとえば、PとQは、それぞれ関数$f(n)$と$g(n)$を計算するものとしよう。

$$n \; P \to f(n)、\quad かつ \quad n \; Q \to g(n)$$

このとき、順序の違いで次の二つのプログラム（複合プログラムは、便宜的に順序つき集合を表す〈　〉でくくるが、その際、最初のサブプログラムの最後の命令「止」は削除するものとする）ができる。

$$n \; \langle P, Q \rangle \to g(f(n))$$
$$n \; \langle Q, P \rangle \to f(g(n))$$

　この何でもない手続きから、プログラムを二つつなぐだけで「計算される関数の階層が生じる」ことが明らかである。つまり、計算される一つの関数のうちにもう一つの関数が「入れ子」になって入

る。

　次に、入力の一部を削除するプログラムも必要である。関数を計算する場合、途中の計算過程を全部残したままでは、どれが計算結果になるのかわからないので、不要なものを削除することが不可欠となる。数の $k+1$ 個の組が（コード化されて）入力として与えられたとき、この削除プログラム E は、最初の数を削除する。

$$\langle n, m_1, \cdots, m_k \rangle \ E \ \rightarrow \ \langle m_1, \cdots, m_k \rangle$$

この削除プログラムは、「必要な情報を際立たせる」ためだけではなく、われわれがマシンのために採用したコーディング自体によって必要となることを想起されたい。テープ上にある記号列に対して、テープヘッドが適切な位置になければ、求める計算結果にはなりえないのである。

30　リカージョンのリカージョン

　最後に、これまでに強調してきた「リカージョン」のエッセンスとも言うべきプログラム、すなわち「一定の手続きを繰り返して結果を蓄積する」ための手続きが必要である。

　このプログラムは $I(P)$ と表記されるが、「プログラム P を繰り返し適用する」もので、繰り返す回数 n は、入力の一部によって指定される。プログラム P は入力 m が与えられたとき（数の組でもよい）、関数 $f(m)$ を計算するプログラムだとしよう。そのとき、プログラム $I(P)$ は、次のダイヤグラムのように働く。

$$\langle n, m \rangle \ I(P) \ \rightarrow \ \langle n, f^n(m) \rangle$$

ここで、$f^n(m)$ は関数 f を n 回、累積的に繰り返し計算した結果で、$f(f(\cdots f(m)\cdots))$ を略記した表現である。このリカージョンの威力は、とくに自分自身に適用されたとき（リカージョンのリカージョン）に強力となる。

　たとえば、些細に見える後続数のプログラム S を入力 n に適用すると、次の通り。

$$n\ S \rightarrow n + 1$$

しかし、これを繰り返しプログラムに入れて $I(S)$ とし、入力 $\langle m, n \rangle$ に適用すると、S が m 回繰り返されるのでこうなる。

$$\langle m, n \rangle\ I(S) \rightarrow \langle m, n + m \rangle$$

　これは足し算を行っていることがわかる。削除プログラム E で出力の最初の数を消せば足し算の結果のみが残る。

　さらに、足し算をさらにリカージョンで繰り返せば（リカージョンのリカージョン）掛け算となるはずである。ただし、少々工夫が必要である。

　手始めに、次の計算の連鎖を見よう。

$$\langle n, 0 \rangle\ I(S) \rightarrow \langle n, n \rangle\ I(S) \rightarrow \langle n, 2n \rangle\ I(S) \rightarrow \langle n, 3n \rangle\ I(S) \cdots$$

つまり、同様の手続きを m 回繰り返すと mn という積（掛け算の結果）が得られるはずである。$I(S)$ は入力 $\langle n, 0 \rangle$ に適用されたのだから、それを m 回繰り返すためには、$I(I(S))$ を入力 $\langle m, n, 0 \rangle$ に適用すればよいことがわかる。すなわち、

$$\langle m, n, 0 \rangle \ I(I(S)) \ \rightarrow \ \langle m, n, mn \rangle$$

　この結果から、最初の二つの数を削除すれば、掛け算の結果のみが残る。ただし、この計算は数の三つ組みから始まっているので、厳密には積の計算ではない。そこで、$\langle m, n \rangle$ の入力から始め、新しいエントリー（最終結果を入れる場所）を追加して $\langle m, n, 0 \rangle$ とする。この下準備の後、リカージョンのリカージョン $I(I(S))$ を適用すれば、めでたく掛け算プログラムの完成である。そして、このリカージョンの入れ子構造は上限なく繰り返しうることを銘記されたい。

　チューリングマシンのプログラムについては、以上で十分である。チューリングは、この単純なマシンで「計算の本質」を規定しただけでなく、「万能計算」、すなわちマシンができるどんな計算もすべて行うことができるマシンを作れることも示した。加えて、万能マシンにも計算できない関数が存在することも示した（詳しくは、内井1989、10章を参照）。

　以上の記述は、初等算術のレッスンではないし、プログラミングの初歩でもない。わたしとしては、れっきとした「ライプニッツ哲学研究」の一部のつもりである。ライプニッツの動力学および形而上学を通じて、この言葉こそないものの、「リカージョンのリカージョン」のアイデアが満ちあふれている。多くのライプニッツ学者は、彼の哲学で「繰り返し」の重要性が強調されていることを指摘するが、それだけでは的を射ていない。「リカージョンのリカージョン」が入ることによって、後続数の一歩一歩の増加とは質的に異なる、無限へと向かう急激な加速（インフレーション）が起きる。そして、モナドの特性、およびそれに基づいた動力学のライプニッツ的特性は、まさに「リカージョンのリカージョン」という、プログラミングの強力なアイデア（もちろん、そういった言葉はライプニッツにはなかったにもかかわらず）に基づいている。そのことは、「適切な解釈を補うことによって」ライプニッツのテキストから論理的に演繹

できるのである。ライプニッツにおける「リカージョンのリカージョン」、これがわたしの情報論的解釈の目玉の一つであり、これを用いると、ライプニッツの形而上学の構造が、従来の解釈よりもはるかによく見えるようになると思う。以下でもっと掘り下げよう。

第9章

『モナドロジー』とプログラムの多層構造

31　単一のモナドと組織化されたモナド群

　前章で、チューリングマシンに即してプログラムの構造を解説したのは、ライプニッツ後期の形而上学を解釈するのに役立てるためである。これまで、「モナドは独自の遷移関数にしたがって自分の状態を変えていく」とか、モナドは「神によってプログラムされている」と言ってきたが、「遷移関数」と「プログラム」との関係については明言しなかった。端的に言えば、どのモナドの遷移関数も、適切なプログラムによって「実現される」のである。そのようなプログラムは、すでに指摘したように、採用されたコーディングに依存するので、当然違うものが複数個ありうる。しかし、ライプニッツ解釈でこの点は問題にならない。その理由は以下の通りである。

　モナドの状態「変化」に着目すれば、これは「ある状態から別の状態へ移れ」という命令に従うことと同じである。これはライプニッツが言うモナドの「欲求」に対応する。したがって、欲求の系列、すなわち状態変化の系列の全体が「遷移関数」である。そして、神が各モナドを創造したとき、それぞれにプログラム（初期状態と、状態変化の系列をもたらす命令の系列）を与えたので、各モナドには独自

の遷移関数が(無時間世界で一挙に)完備している。神のプログラムは、全体的にも、個別的にも、最適プログラムであるはずだから、「遷移関数」と「プログラム」とは決して同義ではないが、「神のプログラム」という前提のもとでは、両者は同一のものを指すと理解してよい。以上が、本書における前提である。

さて、第7章27節で予告した「能動・受動」の本格的な解明にとりかかろう。そのためには、モナドが組織化され、それぞれの組織にはその組織全体を統括する支配的モナド(アニマ)があったことを想起しなければならない。モナドの「能動・受動」の区別は、基本的に、この文脈において理解されるべきものだ、というのがわたしの着眼点である。そして、この文脈でモナドのプログラム(遷移関数)を考え直してみると、またまた新しい発見がある。モナドの組織体は「動物」と呼ばれるが、現象界にコード化された対応物をもつ。ライプニッツは、この組織体を「神の機械」とか「自然のオートマトン」(『モナドロジー』64節、**著作集9** 233、**AG** 221)と呼ぶことも多い。わたしは、このアイデアを初めて読んだとき、驚愕した。

わたしは、実は、米国留学中(1968～71)に恩師バークス教授(A. W. Burks, 1915-2008)のもとで、フォン・ノイマンの「自己増殖オートマトン」の理論を学んだことがある。この理論では、単位となる小さなオートマトン(細胞オートマトン)が二次元空間に一定の構造で並んでおり(図8参照)、それらの細胞オートマトンを多数組織化することによって「自己増殖機械」が造れることになる。この機械は、万能チューリングマシンと同等で、さらに、造るべき機械の情報がテープ上に与えられると、その機械そのものを同じ空間内で構成することができる。ライプニッツの「自然のオートマトン」は、基本的に同種の発想であり、もっと一般的である。つまり、彼のアイデアによれば、モナド界と現象界の二つのレベルにまたがり、無時間・無空間のモナドを組織化したオートマトンが、現象世界の時空内での動物(自然のオートマトン)をコーディングを経て造り出すこ

とになる。ライプニッツは、フォン・ノイマンのアイデアを250年ほど前に先取りしていたと言っても過言ではない。もちろん、そのアイデアを細部まで練り上げた理論に仕立て上げたのは、ひとえにフォン・ノイマンの功績であるが。

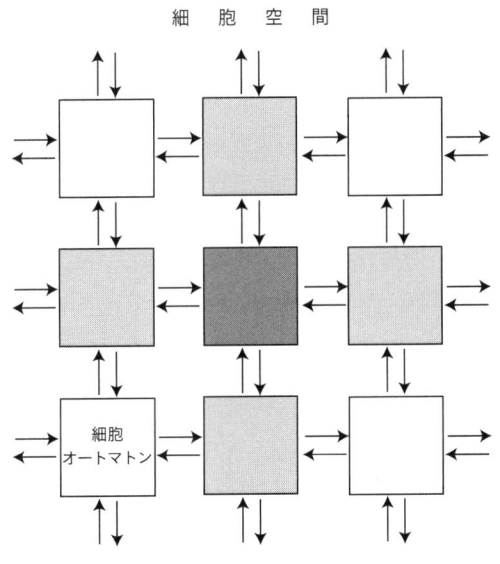

細 胞 空 間

それぞれの細胞オートマトンは
4つの隣接する細胞と直接つながっている

図8　フォン・ノイマンの細胞空間

図8にコメントを加えておく。図では、細胞間のつながりをわかりやすくするためにオートマトンの間に空隙を入れて描いたが、空隙なしですべてを接触するように(つまり、ライプニッツ的「充満」の条件を満たすように)描いてもいっこうにかまわない。むしろ、そう

した方が、後述のライプニッツの見解との類似性がさらに強まるのである。いずれにせよ、直接の通信がどこで生じるかが図8の本質的な情報である。

ライプニッツにおいては、モナドは存在の究極の要素であるが、単独で働くわけではなく、つねに組織体の中で働く。すでに述べたように、その組織体はアニマという支配的モナドにより統括される。さらに、ライプニッツは、従属するモナド群を「身体」と呼ぶ。この複合体が、中期の哲学では「物体的実体」と呼ばれ、それについて解釈者たちの論争があるのだが、それに関わる必要はない。モナド界での組織体と、現象界でのそれの対応物がどう関係して、どのように働くかを解明するのがここでの課題である。その際、しっかり覚えておかなければならないことは、「物質が無限分割可能」であることに対応して、「身体」を構成する無数の諸部分もまた組織体であり、それぞれを統括するアニマがあるということ。この構造は無限に続き、まさに「リカージョンのリカージョン」が明らかであろう。ライプニッツは、次のような美しい比喩でこの事態を表現している（『モナドロジー』67節、著作集 9 233-234、**AG** 222）。

> 物質のそれぞれの部分は草木でいっぱいの庭園のようなもの、あるいは魚でいっぱいの池のようなものだと考えてよい。ところが、植物のどの枝も、動物のどの器官も、また体液のどの一滴も、また同じような庭園や池となるのである。

しかし、動物を含む物体の部分にこのようにアニマに支配された組織体 (のコード化された現れ) があまねく存在するのであれば、最上位のアニマは、下位のアニマだけでなく、それらが支配する他のモナドもすべて支配下に置くことになる。この「支配」とはどんな形態だろうか？　そこで、「能動・受動」の区別とモナドの「プログラムの構造」が、精査すべき問題として浮かび上がることになる。

32　プログラムの多層構造と文脈依存性

「能動・受動」、「作用を及ぼす・及ぼされる」の区別を解釈する方針は、すでに第7章の26節で素描した。その素描に、「プログラム」の概念を織り込んで細部を埋めていけばどうなるだろうか。モナド間の「交渉」を語る「あたかも」つきの語り口でこれらの区別が必要だったことを想起しよう。この文脈で、一つのアニマが組織体を支配するというのは、そのアニマのプログラムが、組織体全体のプログラムを制御する（ちょうど、チューリングマシンの制御装置が計算過程をすべて制御するように）ことであろう。しかし、組織体を形成する他のモナドもすべてプログラムによって活動する。ということは、すでにチューリングマシンのプログラムの合成の仕方、働きを見たわれわれには、次のように解釈するほかない。下位モナドのプログラムは、すべて、最上位モナド（アニマ）のプログラムの「サブプログラム」となるはずである。

そこで、わたしの提案は次のように単純である。一つの組織体の中で、任意の二つのモナドをそれぞれのプログラム A と B で代表させるものとしよう。このとき、「B が A のサブプログラムであるなら、A が能動的、B が受動的である」ということになる。このストレートな提案が、ライプニッツのテキストによる検証に耐えるかどうか、25節で指摘した四つの条件 (1) 〜 (4) にさかのぼって調べてみよう。

まず、(1) の「モナドの完全・不完全」の区別は、モナドのプログラムが上位か下位かの区別と一致させることができる。(2)「知覚の判明・混濁」については、個々の知覚を問題にしてはならず、モナドのプログラム（遷移関数と同等）にさかのぼって考え直すべきだとすでに指摘した。下位のプログラムが何を行っているかは、それ

を制御する上位のプログラムにさかのぼった方がよく見える。それは(4)の「アプリオリな理由」、つまり A が B のやることの理由を提供するのとほぼ同じことである。そして、これはわたしの定義で十分に満たされる。B が A のサブプログラムであること自体によって、B の存在理由は (A にさかのぼるので) アプリオリに明らかである。

　(3)の「作用を及ぼす・及ぼされる」については、二つのプログラムの上下関係に加えて、「文脈」による相対性を考慮しなければならない。A が B より上位で「作用を及ぼす」、あるいは「能動的」であっても、別のモナド C より下位であればCから作用を及ぼされて「受動的」となる。この相対性に加えて、プログラムの本質的な特徴、リカージョンによって、A のサブプログラム B のなかに A がサブプログラムとして入るという事態も起こりうる。そのような事例は、すでに30節で紹介した。リカージョンのリカージョンの一例としてあげた $I(I(S))$ では、外側の I は内側で S に対して働く I とまったく同じ命令の系列である。したがって、全体のプログラムのどこの文脈に入るか、何と比較するかで「作用を及ぼす（能動）」と「作用を及ぼされる（受動）」は相対的に変わるのである。しかも、ライプニッツの場合、モナド界でも現象界でも、リカージョンのリカージョンは無限に重なりうる。チューリングマシンのプログラムを少し勉強すれば、このような事態に何の不思議もないことが容易にわかる。

　能動・受動の区別に関して、わたしは(4)が最も重要だと見なすので、以上に検討した限りで、先の定義は合格だと考える。解釈として合格だというだけでなく、「プログラム」をカギとして用いた定義は、ライプニッツの形而上学と動力学を、一段と見通しのよいものにする。

33　組織体の間での情報の流れ

　前節でのわたしの定義を、ライプニッツも言及した「モナド間のコミュニケーション」という別の観点から検討してみるのも有益であろう。組織化されたモナド群の**内部での情報の流れ**と、モナドの異なる**組織体相互の間での情報の流れ**には、なにがしか違いが生じてくるはずである。もしそのような違いがあるならば、これは動力学にも関係してくるかもしれない。

　まず、これら二種の情報の流れを論じるために、ライプニッツが何度か取り上げた「海鳴り」の例を借りるとしよう（**AG** 211）。海岸あるいは海岸の近くで聞こえる「海鳴り」の音は、海のなかで、大小さまざまな多数の波が立てる音が、われわれの耳に達して、さらにわれわれの体内（組織体内部）で神経生理学的な過程を経て処理され、意識的な聴覚に現れたものである。ライプニッツによれば、海鳴りを「聴く」のは、人間の組織体を統括する支配的モナド、アニマだということになろう。そして、ライプニッツが持ち出すのは「微小知覚」の説である。意識的な聴覚に至るどこかの過程で、アニマにも意識的には知覚できない多数の微小知覚が生じて、それらは多数の波の音に対応する。アニマには、とくに顕著ないくつかの波の音を除いて、他の大多数の音は決して判明には知覚されず、全体の混濁した状態が「海鳴り」として聞こえるにすぎない。

　ライプニッツは、この例を「微小知覚」の存在を言うためだけではなく、モナドが混濁した形ではあれ、世界全体の知覚を持ちうることを言うためにも持ち出す（**AG** 211）。しかし、そう言うためには、モナド界での知覚と、現象界での知覚（たとえば「海鳴り」）を区別した上で、両者を関係づける手続きが必要である。それをライプニッツのテキスト中に見つけるのは難しいのだが、『モナドロジー』の中

に手がかりはある。その手がかりが、実は、組織体内でのコミュニケーションと、組織体間でのコミュニケーションに関わる。

「海鳴り」の例を、ひとつの組織体（人間）における（意識的）知覚として扱うなら、大筋はすぐに見える。最上位のプログラムを持つはずのアニマの「知覚」は、聴覚にかかわる（外部からの）情報を処理する種々のサブプログラム（耳、聴覚神経、脳のいくつかの部位などで働いているはず）の産物である。もちろん、これは現象界での知覚であり、元のモナド界でのプロセスは不明である。それにもかかわらず、組織体内部での情報の流れ、微小知覚と「海鳴り」の知覚には、「プログラム」概念を使って、以上のような説明の素描ができるだけでなく、アニマがサブプログラムより能動的であることは、わたしが提案した定義からの単純な帰結である。情報の流れは、耳、聴覚神経、脳へと伝えられ、最終的な知覚となるが、作用や能動性の主体は、最上位のアニマから下のサブプログラムの階層へと降りていく（もちろん、リカージョンが入るとループが生じるが）。

しかし、その知覚を現象世界の他の物体や現象と関係づけ、異なる組織体（物体）からの作用の結果として描くのは、なかなか大変である。たとえば、一つの思考実験として、千人の観測者が海に出て異なる場所に散らばり、それぞれ自分のボートの周りで録音した波の音を持ち帰ったとしよう。録音されたそれぞれの音は、岸辺の観察者が聞く「海鳴り」の音よりもはるかに「明晰で判明」なはずである。そして、それぞれ、岸辺の観察者には閾値以下で判別できないはずの「微小知覚」の一部に対応するはずである。同じ音が岸辺の観察者に届いたときには、岸辺からの距離にある程度依存して、また到達するのに要した時間にも依存して、明晰さも判明さも失うことになる。しかし、個別的な知覚が判明であるか混濁しているかという事実は、岸辺にいる人の知覚を「説明する」役には立ちそうにないし、千の「判明な知覚」の方が岸辺の人の「混濁した知覚」より「能動的」だと言えそうにもない（どういう意味で能動的なのか不明）。

では、モナド自体における知覚について、ライプニッツはどのように考えているのだろうか。『モナドロジー』の62節に次のような言明がある。

> 創造された各々のモナドは全世界を映す［表象する、知覚する］のだが、そのモナドがエンテレキーとなっていて、特別に影響を与える身体をより判明に映す［表象する、知覚する］。（著作集9 232、**AG** 221）

ここでは、あるモナドが統括する身体と、その他のモナドあるいはモナド群とを、ライプニッツは明瞭に区別している。つまり、「情報の流れ」という点で、モナドが支配する物体と、そのほかの物体との間には違いが生じる。しかし、モナド界には空間も時間もないのだから、いったいなぜそのような違いが生じるのだろうか？　この問いに対する答えをライプニッツは明瞭には述べていない。しかし、情報論的解釈を援用すれば、おおよその答えは予想がつく。組織化されたモナド群を支配するアニマは、自分のプログラムによってその身体を制御するので、身体に対しては能動的である。それが「特別に影響を与える」ということである。この箇所で、ライプニッツは「なぜアニマが自分の身体について判明な知覚を持つのか」、その**理由**を述べていることに注意すべきである。これは、わたしの「能動・受動」の解釈と一致する。知覚の判明性は、この区別に注意を向けるきっかけになりうるが、この区別の核心部分は「理由づけ」にあることが、ここでも確認できる。

他方、自分の身体ではないもの、たとえば、沖の無数の波やその音を伝える空気に対応するモナド群に対して、そのプログラムの制御は及ばない。自分の「身体」とそうでないものの区別は、神によるモナド群の分類、組織化に由来する。かくして、一つのモナド群のアニマの知覚に制限があるのは、被造物たるモナドの本性による

だけでなく、神によるモナドの組織化にもよる。

　それぞれの組織内で、アニマは能動的であり、「身体」を支配するが、その支配は他の組織体には及ばないのである。そこで、他の物体についての知覚は、自分の「身体」の知覚よりも混濁することになる。要するに、ライプニッツの「細胞オートマトン」（この言葉はライプニッツにはない）の考えは、組織体の内と外について、こういったたぐいの説明を提供できる。ただし、これで話が終わりではない。

　ライプニッツの別の重要な主張として、「すべてのものにはつながりがある」はずである。情報論的解釈では、この主張も十分に取り込むことができる。神によるモナドの組織化は合理的なプランによるはずだから、組織化で区分されたモナド群の間には、しかるべき関係が保たれる。どういう関係か？　すべての組織化されたモナド群が、また一定の秩序の中に組み込まれるという「リカージョンのリカージョン」である。要するに、モナド界全体を統御する究極のプログラムがあって、それぞれの組織体のプログラムは、しかるべきレベルのサブプログラムとして全体のプログラムの中に配置されているはずである。しかし、より大きな組織体の働きは、組織に含まれる下位組織のアニマには「知ること」が難しいので、前述のような「知覚の混濁」が生じるのである。

　以上のように考えると、ライプニッツ的な「細胞オートマトン」のアイデアによれば、結局モナド界全体が究極のオートマトンになり、現象界の全体は、それのコード化された姿だというところに行き着く。

34 充満した世界では、情報は物体の境界を通じて伝達される

　これまでの議論により、モナド界がコーディングを経て現れる現象界についても、ある程度イメージが浮かんできたことと思う。ライプニッツが描く物理（現象）世界は、近代科学で見慣れた世界像とは大変に異なる。近代的描像によれば、原子や分子が空っぽの空間内を縦横に運動し、部分的に凝縮して星のような大きな物体を作るが、その物体も、実はスカスカで、原子の内部でも空隙が大部分を占める。これに対し、ライプニッツの描像では、現象世界に空隙はなく、どこにも各種の物体が詰まっている。空っぽに見える宇宙空間にも「エーテル」と呼ばれる微細で流動的な物質が行き渡っており、それが物体の相互作用を媒介する。このような描像を「時代遅れ」だとけなすことは自由だが、ライプニッツの描像によれば、「物質が無限に分割可能である」という彼の主張（その形成過程については、Arthur 2014, 79-85参照）を認める限り、現実の（単なる論理的な可能性ではない）現象世界は、エーテルを含む各種の物質がそれぞれの**境界を**（隙間なく）**接し**ながら運動している「充満 plenum」の世界となる。これが、前述31節でわたしが論じた、いわば「ライプニッツの細胞空間」で、無限の細胞オートマトンが埋め尽くしていることになる。

　そして、「充満」とはいうものの、物質の裏づけとなるモナドのプログラム次第では、特異な種類の物体やエーテルも可能であることを忘れてはならない。事実、重力の説明に苦慮したライプニッツは、「宇宙全体が弾性体である」とか、「重さ（質量）のないエーテルが重力を媒介する」というアイデアまで考察していた（第3部で再論する）。19世紀になって、ファラデー（Michael Faraday, 1791-1867）やマクスウ

ェル（J. C. Maxwell, 1831-1879）によって「場」（電磁場）の概念が物理学に導入され、成功を収める。そんなアイデアをライプニッツに求めるのは無理なのだが、後に紹介するように、ライプニッツにも、ファラデーの「電気力線、磁力線」と類比的な、いわば「重力力線」の示唆があったことは注目に値する。いずれにせよ、現代宇宙論でさえ、「ダークエネルギー」（要するに、出所不明）や「ダークマター」（これも正体不明）を仮定せざるをえないのだから、ライプニッツの「充満」との違いは、見かけより小さいのかもしれない。

35　ライプニッツのデモン

　以上に見たような「物体の境界を通じた情報伝達」というアイデアは、フォン・ノイマンの細胞オートマトンの場合とまったく同じである。図8（31節）の細胞空間で、一つの細胞が上下左右の細胞（正方形だから境界は四辺になることに注意）とのみ情報をやりとりしたことを想起しよう。そして、フォン・ノイマンの細胞空間で複合的なオートマトンが構成できるように、ライプニッツの「自然のオートマトン」は、現象界では複合的な機械となり、境界を接する他の物体（機械）と情報をやりとりする。単一のモナドの知覚に前述のような制限があることを踏まえ、ライプニッツは自然界の複合的機械（「複合体」）にも同様の制限がかかるが、接触の連鎖により、すべての物体とつながりがあることを指摘する。

　この点で、複合体は単純実体と類比的である。というのも、すべては充満しており、すべての物質は互いに関係している。そして、充満した世界ではどんな運動も、遠くの物体に距離に応じて何らかの結果をもたらす。なぜなら、どんな物体も、それ

に接している物体から影響を受け、それらの物体に生じることの結果を何らかの形で感じるだけでなく、それらの物体と接している他の物体の結果をも、また感じるからである。(『モナドロジー』61節、**著作集9** 231、**AG** 221)

　この指摘、当然のように見えて、何気なく読み飛ばしてしまうかもしれない。しかし、この後に、驚くべき主張が続く。ライプニッツは、この文脈では**現象世界**のことを語っていることを銘記して、次の引用を読んでいただきたい。

すべての物体は、世界で生じるすべてのことにより影響を受けるので、すべてを見ることができる者には、一つの物体のうちにすべての場所で起きていることを読みとることができる。いや、現在のことを観察することにより、時間的および空間的に離れていること、すなわち、かつて起きたこともこれから起きることさえも読みとることができるであろう。(**著作集9** 231-232、**AG** 221)

　この「すべてを見ることができる者」を、「ライプニッツのデモン」と名づけておく。ライプニッツがこれを書いた百年後に、ニュートン天文学の多大な成功をふまえて、有名な「ラプラスのデモン」が出てくる(『確率の哲学的試論』1814、内井訳のラプラス(1997)、10)が、ライプニッツのデモンはそれよりもはるかに強力である。ラプラス(Pierre-Simon Laplace, 1749-1827)の場合は、「世界のすべての物体の現在の状態と自然法則の知識」が前提となるのに対し、ライプニッツの場合は、「一つの物体の現在の状態」だけから、世界の「現在、過去、未来」にわたる読みとりが可能だと言われているからである。ただ、ライプニッツの場合、「自然法則の知識」に相当するものが伏せられていて、それを特定するための作業がわれわれには必要であ

る。それで、結論は、彼の時空論を論じる第2部の64節まで持ち越すことになる。結論を予告すると、「ライプニッツのデモンは、彼の形而上学と動力学の中で、論理的に可能」となる。

この節では、この驚くべき結論に至る背景の説明と、問題設定とを行った。そこで、ライプニッツのデモンが「情報収集」と「予測」を行う現象界のイメージをここで提示しておこう。わたしの解釈によれば、ライプニッツは、現象界を時空の中での細胞オートマトンの複合体とみなす、ということになる。何度も述べてきたように、現象界の物体はモナドの複合体がコーディングを経て現れた姿である。そこで、世界の全体が「細胞空間」を形成し、人間にすべての認識はかなわないが、(現象世界)全体は一つの複合的オートマトン、究極的な「神の機械」になるはずである。図9で、「空隙」に見えるところにも、すべてエーテルが行き渡っており、情報伝達はすべて隙間なく接触する物体相互の「境界」を通じて行われる。

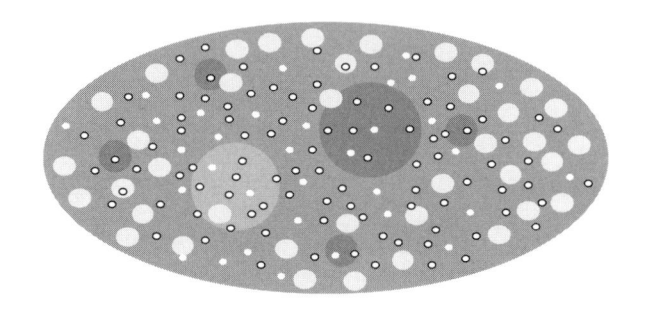

図9　ライプニッツの細胞空間

第10章

動力学における能動と受動

36　モナドの状態遷移、離散的なモデル

　前章では、『モナドロジー』での「能動・受動」の区別から、モナド界での複合体および現象界での複合体を「細胞オートマトン」として解釈する道を示した。しかし、『モナドロジー』では動力学に対する言及はほとんどなかったので、もう一度動力学に戻って、この形而上学的区別が動力学でうまく機能するのかどうか、確認する必要がある。そのために、これまでの議論の成果をまとめておきたい。

　まず第一に、(1) モナドの情報は、個別的にも、またモナド界全体にわたっても保存される。ライプニッツは「情報」という言葉は使わないが、無限のモナドよりなるモナド界全体が一挙に無時間世界で創造され、神がそれを消滅させない限り、世界は保存される。これはライプニッツにあっては自明である。わたしの情報論的解釈によれば、「モナドの情報」は、「初期状態および遷移関数」、言い換えれば「状態変化の全系列」にほかならないので、一語で「遷移関数」（ただし、初期状態込み）の保存と言うことにする。

　第二に、(2) モナドの「原初的力」は、前述の「遷移関数」（初期状態込み）に対応する。

第三に、(2)からの当然の帰結として、(3)モナドの能動力、受動力ともに遷移関数の働きに含まれる。これをわざわざ付け加えるのは、モナドの状態変化は能動力のみに帰属させられる、という誤解を防ぐためである。能動あるところには必ず受動も伴う。作用を及ぼすには、必ず及ぼされるものが前提される。

　第四に、そして最後に、(4)モナドの「遷移関数」と「プログラム」（神の「最適プログラム」）とは実質的に同じだと理解してよいので、文脈により使い分けてよい。モナドの「状態変化」を語るときには「遷移関数」の方が文脈に適しているし、「リカージョン」を言うときには「プログラム」の方がわかりやすい。

　そして、以上の成果に基づいて動力学や時空論に進むための準備として、次のような、「状態変化を記述する」記法を導入する。ただし、これは話をわかりやすく進めるための暫定的な工夫である。最終的には「連続性の原理」によって、モナドの状態変化は、本当は「離散的」ではなく、「連続的」になるはずである。しかし、離散的モデルは第一近似としては有効で、しかもモナドの働きをわかりやすく解説できる。なぜなら、チューリングマシンの場合と同様、離散的なモデルのほうが、「状態変化」のイメージを容易に伝えられるからである。

（ⅰ）モナドの一状態を *[x]* で表し、遷移関数 *f* によって次の状態（後続状態）に移ることを *f([x]) = [x′]* と表現する。「次の」は時間を意味しない。モナドの状態系列（無時間）のうちでの「順序」を意味するにすぎない。

（ⅱ）同じことを、もっとわかりやすく、*[x]* → *[x′]* と書いてもよい。

（ⅲ）同様な状態遷移を *n* 回連続で繰り返した後の状態は *[x^n]* と書く。*n* 番目の後続状態という意味である。

これだけの準備をした上で、モナド間の相互作用を語り、それと現象界での物体の相互作用とを（可能な限り）関係づけるのが課題である。しかし、まだもう一つ重要な注意が必要である。それは、たとえば、ある組織体のアニマとそれに従属する他のモナドとの相互作用を言うとき、そのアニマの適当なサブプログラムが「別のモナドのプログラムを代表する」ことがわからないと、プログラム内の関係を語ることでモナド間の関係を語れるかどうかわからないという問題である。しかし、この問題は迂回することができる。

　ライプニッツがモナドを語るとき、二つの異なる語り口があったことを想起しよう。一つは、各モナドを「自足的」（他との交渉なし）に扱う語り口、もう一つは「相互作用」を言う語り口である。最初の語り口で、モナドのプログラムとそのサブプログラムとの「相互作用」を言うのはまったく問題がない。たとえば、万能チューリングマシンの部分プログラム間の関係を言うのに、何も問題がないのと同じである。そして、「モナドの知覚（状態）」とは、モナド界全体を「それぞれのモナドの視点から映す」ということだったことも想起しよう。どのモナドにおいても、自分の状態遷移のうちに世界全体の状態遷移（もちろん、他の個別的モナドの状態遷移を部分として含む）が何らかの形（コード経由）で映されているのである。したがって、単一モナド（たとえば、ある組織体のアニマ）のプログラム内部での関係を語ることで「他のモナドのプログラムとの関係」もすべてカバーされていることになる（ただし、モナドの知覚にはコードが絡み、モナドによってコードが異なる可能性があるので難しいのではあるが）。この、ライプニッツ特有の巧妙なトリックのおかげで、プログラム全体のなかでのサブプログラム相互の関係を分析すれば、副産物として、第二の語り口による「モナド間の相互作用」も分析されたことになる。以上が、「迂回」の概要である。

　なお、以上の分析の副産物として、前章末で登場した「ライプニッツのデモン」について、新たな補足ができる。このデモンは、

(a)現象界で与えられた物体の現在の状態という情報から、まず(b)「現象のコーディング」(本書5節を参照)を解読しなければならない。それを解読して初めて、(c)モナド界の状態にさかのぼることができる。しかし、各モナドの知覚には現象とは違うコードが入っているはずなので、さらに(d)「知覚のコーディング」を解読しなければならない。これらのうち、(b)と(d)についてはモナドによってさらにコードが異なる可能性があるので、この作業は大変である。この作業をすべてこなして初めて、(e)モナドのプログラム(遷移関数)というおおもとの情報に到達できる。その情報は時空に制約されないので、現象界の時空を超えた、「現在、過去、未来」にわたる予測が可能となるのである(続きは、第2部の最後の方で)。要するに、このデモンは、たった一つのモナドでいいから、そのプログラムを解読できれば、モナド界および現象界のすべてを予測できるはずである。

37　動力学での能動と受動

さて、現象界の動力学に戻って、モナドのプログラムが力学現象ではどのように反映されているのか。まず、「動力学試論」での派生力の分類(本書13節)は、『モナドロジー』での能動と受動の区別によって影響を受けず、十分に調和することがわかる。派生能動力の例はインペタス mv であったが、ここで「なぜ受動的な要素 m（質量）と能動的要素 v（速度）とが共に現れたのか」、モナドの遷移関数にさかのぼって考えるとその理由がわかる。モナドの状態変化で能動と受動は不可分である（前節(3)）。それゆえ、ライプニッツで「絶対速度」は無意味であるが、能動的要素に対応する v を、文脈で決まる「相対速度」、あるいはダミー（形だけの代理）としてであれ、

省くわけにはいかないのである。ライプニッツは、「無限小の瞬間的インペタスが積算される」と説明を補ったが、瞬間的インペタスに対応するのは、モナドの「欲求」、すなわちその時々の状態変化のもとにほかならない。わたしが言う「コーディング」の問題、ライプニッツでは伏せられたままであるが、ここで指摘した「対応関係」が、（ライプニッツ流の）「コード解読」の有力なヒントとなろう。

　たった今、「文脈で決まる相対速度」と言ったが、これはモナド界であれ現象界であれ、「世界の全体」を知らないわれわれ人間の科学の「宿命」のようなものである。したがって、こういった「場当たり的な」処置は、ニュートン力学であれライプニッツの（未完の）動力学であれ、まったく関係なく導入される。物理学をある程度習った人ならすぐに思い当たるように、物理学で研究対象となる問題、あるいは教育課程で教材として取り上げられる問題は、「適当な文脈で切り取られた」問題設定から始まる。ニュートンが扱った惑星運動も、ホイヘンスが取り上げた衝突の研究も、ライプニッツが論じた活力保存の問題もすべて例外ではない。これがライプニッツの場合にとくに問題となる欠点ではないのである。ただ、ライプニッツの場合は、適当な文脈で切り取られた問題がすべて、最終的にはしかるべき所にはめ込まれるような「全体」が、少なくともモナドの形而上学で用意されていた。このヴィジョンが魅力的なのである。なかんずく、ニュートンが天下りで仮定した「空間と時間」の扱いにおいて、ライプニッツのヴィジョンは現代においても異彩を放っている。これについては第2部で立ち入った検討を行う。

　本論に戻ろう。「モナド間の相互作用」に対応する「物体の相互作用」として、最も有力なのは、本書第6章で紹介した衝突の現象である。そして、ライプニッツが物体の相互作用で最も重視したのは、「弾性衝突」だった。すでに第6章で指摘したとおり、弾性衝突において、衝突する二物体は、「互いに等しく作用を及ぼし、また作用を及ぼされる」、つまり、それぞれ能動力と受動力をみずからの本

性にしたがって「順序通りに」行使しているのである（本書20〜21節参照）。これを、モナドのプログラムに照らし合わせると、ほとんど「文字通りの対応」があることに気づく。物体を統括するアニマでは、衝突に際し、そのきっかけとなる状態遷移（欲求の作動）が始まると、プログラムの一定の部分（サブプログラム）が作動するわけである。物体がすべてアニマに支配される組織体（動物）であるとライプニッツは言っていない。しかし、第6章で指摘したように、力学法則は、組織体であろうが単なる集合体であろうが、すべての物体に対して成り立つはずである。しかも、「集合体」も分割していけば必ず「組織体としての物体」の集まりに還元される。さらに、全体活力と部分活力の区別により、弾性衝突は組織体の内部、無限の階層にわたって「基本的な相互作用」として繰り返される（リカージョンのリカージョン！）。要するに、前章で記述されたモナドのプログラム構造と一致しうる構造が、現象界の衝突でもはっきりと確認できるというわけである。

　さらに、物体の衝突現象は、ライプニッツの「細胞空間」（図9）のあらゆる場所で起きることに注目しよう。ライプニッツは、もちろん、そのような現象の細部を描いたわけではない。しかし、彼の形而上学と動力学を情報論的解釈によってつなぐと、これは必然的な帰結の一つである。「コード解読」の難問はあるものの、この帰結を確認すれば、「ライプニッツのデモン」の信憑性も少しずつ見え始めてくるかもしれない。物体の境界を通じた「情報伝達」も、ライプニッツでは、おそらく、エーテルという微細な物質が媒介する「衝突現象の連鎖」となるはずだ、という見通しさえ得られる。

　以上はまだ素描ではあるが、これだけでもすでに「手応え十分な」成果である。モナドの形而上学を情報理論として読み解けば、形而上学と動力学の間には、かくも見事な対応関係が見えてくる。ライプニッツは、動力学で運動を記述するには、形而上学の概念を持ち出すことなく、「現象界での作用因」、力学の法則のみを用いるべき

だと力説している。しかし、同時に、力学法則がなぜ成り立つのか、なぜ現象界でそのような法則が成り立つのか説明するには、形而上学に訴えるしかないことも力説する。前述の素描で、これら二つの主張の根拠が見えてきたのではないだろうか。

38 　力学法則をどう基礎づけるか？

　コンピュータ上で力学現象をはじめ、種々の現象がシミュレートできる現代ではもう常識の部類に入るのかもしれないが、力学法則はコンピュータのプログラムの形で表現することも可能である（ただし、いくつもの仮定を置いた上で）。「ライプニッツのデモン」ではないわれわれには、モナドのプログラムはわからない。しかし、動力学からモナドのプログラム解読に向けて一歩を踏み出すには、力学法則をプログラムの形で表現してみるのが有益かもしれない。前節の素描にある程度具体性を与えるためには、そういった作業が必要であろう。しかし、これはそう簡単ではない（わたしは実際そういう作業を試みた）。慣性の法則（ニュートンの第一法則）で「哲学的には」すぐにつまずくのである。その理由は、「直線運動」の規定と「等速運動」の規定が、ライプニッツではどうなるのか（現段階では）不明だからである。そこで、この問題は、第3部まで先延ばしにするほかはない。ライプニッツ流の相対主義で動力学を再構成することは、この問題を考えたことのない人には意外かもしれないが、実は相当に難しい。ニュートンの「天下り」の戦略は、実は、当時にあってはやむをえない、ある意味で「合理的な選択」だったかもしれないということを思い知らされるだろう。

　問題の根は、「モナド界の全体」どころか、「現象界の全体」すら、われわれには把握されてないことにある。ホイヘンス、ニュートン、

ライプニッツたちが考えた「慣性」は、現象世界の最も基本的な特質の一つだった。とくに、ライプニッツはそれと呼応するように、すべての運動は直線運動から構成されると主張した（本書23節）。そうすると、「等速直線運動」を言う慣性の法則には、モナド界にさかのぼった「基礎づけ」が必要なはずである。おそらく、「すべてはつながっている」という彼の立場からすると、世界の全体と部分との関係に言及してそのような基礎づけが得られるのだろうが、そのような議論が見つからないのである。

それにもかかわらず、原初的力と派生的力の関係をヴォルフから尋ねられたライプニッツは、次のように答えている（これは「脳天気」に見えるかもしれない）。

> あなたは、一例として、落体の加速運動において、原初的力がどのように変容を受けるのかとお尋ねです。答えは、モナド自体のうちにある原初的力の変容を説明するには、現象において派生的力がどのように変化するかを説明することに優る方法はない、ということになります。（Gerhardt 1860, 138、Adams 1994、385の英訳からの重訳）。

こんな答えでは、「基礎づけ」の問題を回避した「堂々巡り」になるだけである。

では、情報論的解釈により、この不備を補う方法が見つかるのだろうか。すでに前節で、モナド界と現象界との対応（部分的同型性）の大筋だけは示したが、本書の第2部の時空論、および第3部での「慣性と重力を橋渡しする試み」で、もっとはっきりした見通しが得られるかもしれないことを予告しておく。

39　衝突運動のプログラム

　以上の不備にもかかわらず、弾性衝突については「プログラム版」が書けそうである。衝突の前と後には慣性運動に戻るけれども、衝突自体でどういう事態が進行するかは、慣性運動とはまったく別のプログラムになる。したがって、その部分に限定したものである。弾性衝突は、ライプニッツにおいては物質の間の相互作用をすべて担うものだから、その意義は小さくない。すでに見たように、二つの物体の衝突は、衝突の相対速度に依存し、それぞれの物体のみの運動過程に焦点を合わせて取り扱うことができる（21、22節参照）。したがって、一方の物体だけ考え、それを統括するアニマの「部分プログラム」を記述すればよい。概略、次のようになろう。

　(Col.) 衝突スタートのサイン（欲求）により、「身体」の変形のサブプログラムに移り、衝突のインペタスがなくなるまで弾性力に変換せよ。その後、復元のサブプログラムにより、蓄積された弾性の死力を逆方向の等しいインペタスに変換せよ。

　前節で引用したライプニッツのヴォルフへの答えは、この「衝突プログラム」では成り立ちそうである。これは「深読み」であるが、わたしの情報論的解釈によれば、ライプニッツはそのように考えたはずである。ただ、文通の相手を考えて、手の内は明かさずに結論だけ述べたのではなかっただろうか（ヴォルフの手紙を読めば、彼が底の浅い哲学者であることがわかる）。**変形**のプログラムは、この物体の一段下のレベルで部分の変形を担当するサブプログラム（実は、変形のプログラムは同一であり、文脈が変わるだけ）に支えられており、ここで「リカージョンのリカージョン」が（無限に）生じる（それゆえ、

36節の遷移関数の離散モデルでは、本当は不十分であることがわかる)。**復元**のプログラムについても同様である。この衝突プログラムは「力学用語」を使っているものの、アニマでそれに対応する「状態変化の系列」に置き換えれば、「同型のプログラム」に変換できる。もちろん、この部分プログラムの前後には、「衝突に至るまでの慣性運動」と「衝突後の逆向きの慣性運動」のプログラムが来るわけである。これまでに述べてきたように、モナドのプログラムに従う状態変化を現象に変換するコードさえわかれば、この「同型変換」に障害があるとは考えられない。念のために補足するなら、実体の領域におけるそのような状態変化(無時間)は、現象界では力学法則に従う時空内での過程に(コード化により)変換されて進行するのである。

このプログラムは、モナドの組織体のあらゆるレベルで繰り返され、「リカージョンのリカージョン」をもたらす。そして、動力学研究によって現象世界の物理的構造を知っていく人間は、物質の無限分割可能性、物理的相互作用の多層性、そして「リカージョンのリカージョン」などを知ることによって、「各々の単純実体は、全世界を映す永遠の生きた鏡である」(『モナドロジー』56節)という実体世界の姿を垣間見ることができるようになるのである。

第1部への注記

1. 先行研究について

　第1部で展開した情報論的解釈について、その形成過程を簡潔に説明しておきたい。この解釈は、わたしがライプニッツを読み始めた2002〜3年頃に浮かんだ着想を10年ほどかけて練り上げたもので、ほかの方々の先行研究に負うものは、本文、注と文献表ですべて明記してある。しかし、本文や括弧内の注では言及しなかったが、わたしが知る限り、一つだけよく似た発想の

「先行研究」があることを述べておくべきだろう。それが次の本である。

　中込照明『唯心論物理学の誕生』海鳴社、1998年

　わたしがライプニッツに関する論文（内井2006b）にかかる前後に、わたしの元学生だった松王政浩博士（現、北大理学部教授）に、論文の構想や下書きを見てもらったことがあるが、その折、中込さんの研究のことを教えてもらって、アイデアの重複などがないかどうか、急いで目を通した。

　発想は確かによく似たところが多いのだが、中込さんの研究は、基本的に、ライプニッツのモナドロジーの主要な特徴を、物理学のモデル（「世界モデル」と呼ばれる）に取り入れて、量子論と相対論（特殊相対論）を統一しようという試みである。簡単に言えば、各「モナド」には「内部世界」があり、自足的だが、他の「モナド」との間には「予定調和」があって、相互に照応し合う。その「内部世界」は量子力学の状態ベクトルによって表され、各モナドの異なる視点は「ローレンツ変換」によって関係づけられる。このように、物理学の概念を「モナド」と「モナド間の関係」に直に適用するのが彼の行き方である。これに対し、わたしはモナド界と現象界を（ライプニッツにしたがって）峻別し、モナドの記述と現象の記述は明確に区別する。そうしなければ、ライプニッツの解釈としては通用しない。

　中込さんの研究について、詳細は前掲書を参照していただきたいが、以上の簡略な紹介でも、中込さんのスタンスと、わたし自身のスタンスの大きな違いが明瞭だと思う。わたし自身の研究は、ライプニッツのテキスト解釈のために情報理論を活用し、**ライプニッツの形而上学と動力学を統一的に解釈して、ライプニッツの理論自体の射程と潜在力を明らかにする**ことを目指す。そ

れを元に、第2部と第3部では「物理学の基礎づけ」の問題、とくに空間と時間の起源にも切り込むつもりだが、これは中込さんの関心事よりもはるかに一般的な問題である。事実、わたしは本書で量子論には一切立ち入らなかった。ライプニッツの考えが、相対論とも量子論とも相性がいいという中込さんの見方には賛成できるのだが。

　以上のような次第で、中込説のような、物理学者としては希有なお仕事に勇気づけられたことは確かだが、本書でのライプニッツ解釈に、中込さんの著書からの借用は一切ないことをお断りしておく。わたしの情報論的解釈が、量子力学にまで拡張できるかどうかは、これからの研究課題である。

2. ライプニッツ著作の邦訳について

　ライプニッツのテキスト、邦訳については、工作舎の**著作集10巻**を参考にし、得るものが大きかったが、本書での訳文は、いずれもわたし自身の訳であり、英訳のテキスト、**AG**、**Loemker** などのほか、必要な場合には、**GP** と **GM** のラテン語テキストにも当たって作成した（ただし、わたしのラテン語能力は初心者並みでしかない）。翻訳には、どうしても訳者の解釈が入りうるので、ライプニッツの文章自体は同じでも、ほかの訳者による「コーディング」がわたし自身の考え（情報論的解釈）と大きく異なる場合には、その訳文をそのまま使うわけにはいかないのである。

　しかし、とくに『モナドロジー』については、**著作集9**所収の西谷裕作さんの訳と注が大変参考になったので、そのことをきちんと明記しておきたい。いくつかの箇所で、西谷さんの見解には同意できないところもあるが、彼のライプニッツ研究の学識がうかがわれる優れた翻訳と注釈だと感銘を受けた。もう一つ参考になったのは、本書第2部と第3部の話題とも関係が深い、**著作集3**所収の天体運動論関係の二つの論文、横山雅彦さんの訳

（ただし、少々読みにくい）である。それにもかかわらず、わたしのライプニッツ解釈が世の「ライプニッツ学者」によるものとはラディカルに異なるので、間接的にいろいろと恩恵を受けた邦訳に対し、本書のテキスト中で該当箇所は示したが、訳文は（すでに述べた理由で）使わなかった。その旨、ここでお断りしておきたい。

3. 死力と活力の関係について

　第17節、死力と活力との関係について補足しておく。簡単のため、ライプニッツが取り上げた（ガリレオの）自由落下（一様加速運動）の例に即して、微積分の数式をできるだけ使わずに解説する。ポイントは、「落下距離が時間の2乗に比例する」ことと、「運動エネルギーが速度の2乗に比例する」こととが、どのようにつながるかである。要するに、「運動時間の2乗がなぜ速度の2乗に振り替わるか」ということ。

　自由落下を始めた物体は、時間とともに速度を増し（一様加速）、時間 t で速度 v になるとせよ。このときの運動エネルギー（活力）は、物体の質量を m とすれば、古典力学によれば、

$$（\text{K}）\quad \tfrac{1}{2}(mv^2)$$

である。ライプニッツの表現では、「活力は速度の2乗に比例する」となり、かつ、運動を逆転させて、「同じ物体を落下を始めた元の位置にまで持ち上げるのに要する仕事」と同一である。さて、落下距離を s とすれば、これが t^2 に比例することは、第17節で示した。しかし、この距離は、「変化する速度」で物体が時間 t の間にもたらした「結果」である。ライプニッツの流儀では、これは「死力がこの時間で積み重なり、かつその結果増加し続けた速度が、同じ時間をかけて生み出した結果」である。その同じ

結果を、「仕事の量（すなわちエネルギー）」で表すなら、ニュートンの第二法則で出た力Fとそれが働いた距離sとの積になるが、この力Fは、時間とともに変化するので、(古典力学では)加速度aを含む力$ma = F$となって、結局エネルギー（K）は積分で求めなければならない。ライプニッツは自分の流儀で加速度を再現できるので、この積分も別の形で再現できる。この（K）は「速度の2乗」に比例しており、「自由落下の距離s」とまったく同じ「原因」による「結果」である。ライプニッツは「原因と結果で活力は同じ」（活力保存の別表現）と主張するので、同じ結果は速度の2乗でも表現できる、ということになる。

　まだ疑問が残る読者には、適当な物理学の教科書で、「運動エネルギー」の導出の仕方を読んでいただきたい。速度の2乗は、数学的には積分の結果として出てくるが、その代わり、積分過程で不可欠だった時間も距離も消える。同様、ライプニッツでは、活力の大きさは加速における「時間の入れ子構造」から計算され、計算結果には速度の2乗が現れる。

第 2 部

空間と時間の起源

第11章

「状況分析」と空間

40　デ・リージの『幾何学とモナドロジー』

　第1部では、ライプニッツの形而上学と動力学の構造を明らかにした。次の課題は、その動力学がどれほどの射程を持ちうるのか検討することである。たとえば、18節では、彼の「全体活力と部分活力」の区別には、アインシュタインの特殊相対論とつながりうる「物質の内部エネルギー」のアイデアが示唆されているかもしれない、とわたしは述べた。この推測を確認するには、空間と時間の問題に立ち入らなければならない。

　ライプニッツの空間論については、最近、特筆すべき業績が現れた。本書の「まえがき」でもふれた、ヴィンチェンツォ・デ・リージの『幾何学とモナドロジー』(2007)という本である。この本は、ライプニッツがハノーファーに移ってから手をつけ始めた新しい幾何学、「状況分析」の展開を克明にたどり、幾何学と形而上学との関係、とくに空間の哲学との関係を論じた研究である。空間と時間の哲学に関わるライプニッツの著作としては、もちろんクラーク(Samuel Clarke, 1675-1729)との往復書簡があり、これについてはわたし自身も『空間の謎・時間の謎』(2006)で取り上げたことがある。しかし、

当時わたしは「状況分析」について無知で、クラークとの論争で出てきた「状況 situation」(ラテン語では situs)という言葉の意義をつかみかねていた。そこで、デ・リージの研究はたいへん大きな助けとなったのである。「状況分析」と空間論との関係について、彼は次のように述べる。

> 現在の目的にとって、一般的な空間を対象にした定義や定理が「状況分析」において初めて現れたということは、少なくとも述べておくに値する。これは、まさに注目すべき新機軸である。空間の定義など、ユークリッドの著作や、一般に近代以前の幾何学的著作には、どこにも見つからないからである。(De Risi 2007, 129)

ライプニッツとクラークの論争、ライプニッツの第五書簡(第47節)で、彼は「共存するものの間での秩序」から出発して、空間についての自説を述べ始める。その秩序とは、共存する対象の間に成立する「状況」とも言われ、続いて「場所」の概念が導入される。

> 共存するもののうちの一つが、互いの間で関係が変わらない多数のものに対して、関係を変化させる場合がある。そのとき、新しい別のものが来て、最初のものがそれら多数に対して持っていたのと同じ関係に入ったとしよう。その場合に、われわれは、第二のものが、最初のものの**場所**に来た、と言うのである。(Alexander 1956, 70。強調は筆者内井による)

少しわかりにくいかもしれないので、図で解説しよう。図10で、「互いの間で関係が変わらない多数のもの」は濃いグレーで表示している。「最初のもの」はA、「第二のもの」はBである。それぞれの間の関係は、矢印のついた線で示すとすれば、Aが「多数のもの」に

対して持つ関係は、右側の図でBが「多数のもの」に対して持つ関係と同じである。このとき、ライプニッツは「BはAと同じ場所に来た」と言う。左側、右側、どちらの図でもほぼ同じ状況が成立している（明示されてない対象がありうるので、「正確に同じ状況」とは言えない）のだが、ただ、AとBが入れ替わっている点が異なるのである（図10）。

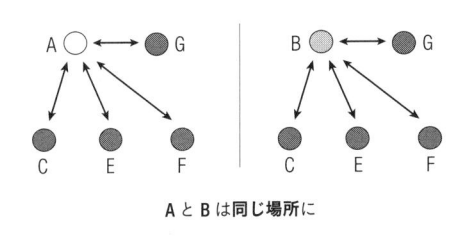

AとBは同じ場所に

図10　同じ場所

　以上の図と解説は、もちろん、適当な文脈を切り取っただけのものだから、厳密な定義にはならない。しかし、「物体の間の関係」に基づいて「場所」を定義し、「すべての場所」から「空間」を定義しようという、ライプニッツの「空間の関係説」の方針は見えてくるだろう。物体の間の関係は、すでに第1部で説明したとおり、「組織化されたモナド群」の間の関係を基盤とするので、空間の基盤は実体界にあり、「状況分析」というライプニッツの幾何学は、形而上学と空間とを橋渡しする役割を担っているのである。もちろん、その幾何学は、物体の運動を扱う動力学とも関わってくることになる。
　以上のような方針のもとでの「場所」の定義は、実は「同じ場所」の定義を経由することとなる。ライプニッツの第五書簡、同じ段落の終わりの方で、その点の指摘がある。

「場所」とは何か説明するために、わたしは「同じ場所」を定義することで満足しなければならなかった。(Alexander 1956, 71)

この工夫は、実は「状況分析」全体に関わる特徴である。実体を扱う形而上学では、「同一性」が厳密に定義され、モナドはそれぞれユニークな個体で同じものは一つしかない。しかし、幾何学で扱う対象は、点、線分、図形、立体など、多数の対象にわたって、たとえば「あれとこれは同じ形だ」と言えなければならない。そこで、「状況分析」の基本概念としては、この文脈での「同じ」、すなわち（現代の幾何学でも使われる）「合同」および「相似」の関係が採用される。たとえば、「同じ形」と言う場合、合同か相似かは不明なので、重ねてみるか、あるいは寸法を測らないとわからない。ライプニッツにとって、実体に「量」の概念は適用できないので、実体と現象の幾何学のつなぎに、この「合同または相似」が入ってくるのは理解できる。図10の例に戻るなら、左側の状況と右側の状況は「合同または相似」である。しかし、Aの場所とBの場所が「同じ」だと言うためには、その状況を構成している関係が「量的関係も含めて」合同でなければならないことがわかる。

これまで、「状況」という言葉を定義なしで使ってきた（ライプニッツもクラークとの論争では定義しなかった）が、以上より、「状況」は複合的な関係であることが容易に推論できる。ライプニッツ自身の説明は次の通りである。

「状況」とは、多数の対象の間に成り立つ共存［同時存在］の関係である。状況は、介在する、より単純な共存の関係にさかのぼることによって知ることができる。(**Loemker** 671)

では、「状況分析」において、量の扱いはどうなるのかという疑問が湧くが、その扱いは先に延ばして、「空間」に至るライプニッツの

筋書きをとりあえず完結させておこう。「空間とは、すべての場所を考えたときに生じるものである」とライプニッツは言う（Alexander 1956, 70）。少し言葉を補えば、現実の（現象世界の）空間は、現象中の物体の場所をすべて網羅するものであるが、ライプニッツはさらに「可能性」をも考察する数学的取り扱いを怠らない。そこで、物体を取り除いて（抽象して）、場所だけを示す点と見なせばどうなるのか。そのとき、空間は「すべての場所の場所」となる。ここで、「空間は点の集合である」と誤解してはならない。この「点」は状況から抽象されたものだから「関係の担い手」としての点である。デ・リージの言葉を借りるなら、点は「状況中に置かれている」のである。その関係のネットワーク全体が「空間」と見なされ、個々の関係が外延の「量的関係」も担うこととなる。クラーク宛の返書を書いたとき、ライプニッツはそこまで考えていたのだが、書簡中では、ほとんど手の内を明かさなかった。したがって、クラークがほとんど理解できなかったのも無理はないのである。

41　幾何学的「量」、座標値とメトリック（計量）

　さて、幾何学的な量の基本は「長さ」である。ライプニッツの「状況分析」は「合同」を基本概念とする。二つの線分は、両端を含め、全体が重なるなら合同である。そこで、わかりやすく言うなら、変形しない「物差し」を用意し、その長さを繰り返しつないでいけば、二点間の「距離」という幾何学的な量が得られると考えられるかもしれない。しかし、ことはそれほど簡単ではない。こういった問題を論じるための必須の道具立て、微分幾何学（ライプニッツの時代にはまだなかった）の助けを少々借りなければならない。ライプニッツが苦闘した問題、その「苦闘の原因」を知るためには、後世19世紀

以後の数学が必要である。これは「後知恵」にたよる「哲学史」ではない。ライプニッツの「苦闘の原因」を探究しない「哲学史」なんか、読むに値しないではないか!

　ユークリッド幾何学の前提を引きずった上で、解析学の道具立てを導入した古典力学では、二次元であれ三次元であれ、設定した座標系の中での「二点間の距離」は、ユークリッド幾何学の「ピタゴラスの定理」を使って、二点の座標値から簡単に計算できる（図11を参照）。しかし、それは「ユークリッド空間でのメトリック」、つまり「座標値から距離を計算する」変換法則が暗黙のうちに前提されていたからである。そのような前提がかなり自由に変えられることは、ガウス（K. F. Gauss, 1777-1855）やリーマン（Bernhard Riemann, 1826-1866）らの研究により明らかにされた。その認識は、やがてアインシュタインの相対性理論、なかんずく「一般相対性理論」によって、物理学でも不可欠になっていった。つまり、どんな座標系をとっても、与えられた点の「座標の値」は、そのままでは「距離」のような、物理的に意味のある量にはならない、単なる「アドレス」のようなものである。たとえば、図11の点Pの「アドレス」は$\langle a, d \rangle$、Qのそれは$\langle b, c \rangle$である。これらのアドレスから2点間の距離を決めるには、「ピタゴラスの定理」相当のメトリック（計量）を導入しなければならない。図に書いてあるメトリックの式、両辺を2乗すれば、Eについては、直角三角形（「隔たり」が斜辺）のピタゴラスの定理と同じ形になる。

　同じ座標系（つまり、数学的な空間）で、同じアドレスを使っても、この変換法則たるメトリックが変われば、2点間の「距離」あるいは「隔たり」は違った値となり、この座標系の中で表現したい物理学やその法則も変わってしまうのである。図11で、二次元の座標系を示したので、以上のことが明瞭にわかるだろう。

　この二次元の簡単な座標系を使って、「数学的空間」と「物理的空間」の区別を説明することもできる。この座標系は、図で補ってあ

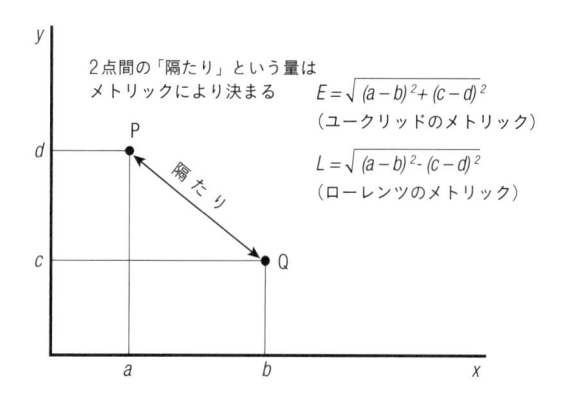

図中:
2点間の「隔たり」という量はメトリックにより決まる

$E = \sqrt{(a-b)^2 + (c-d)^2}$
（ユークリッドのメトリック）

$L = \sqrt{(a-b)^2 - (c-d)^2}$
（ローレンツのメトリック）

図11　座標値とメトリック

る説明を全部取り除けば、「単なる図」であり、何を表しているのか不明である。しかし、ユークリッドのメトリックを指定すれば、数学的には二次元のユークリッド空間となる。ただし、これにさらに物理内容を加えるには、x軸とy軸が「何を表現するのか」を明示しなければならない。たとえば、y軸が「時間」を表すなら、この座標系で「時空の関係」（たとえば速度）が表現されることになる。メトリックをローレンツ（Hendrik A. Lorentz, 1853-1928）のものに変え、さらにy軸を「光速で測った距離」と解釈すれば、特殊相対論の二次元時空を表現する「ミンコフスキ空間」となって、特殊相対論の物理的内容を表現することができる。

42 「状況分析」でのメトリックの扱い

　以上の議論は、ライプニッツの動力学解釈にも関わってくる。彼の動力学で使う空間と時間のメトリックは、どこから生じるのか？もちろん、神が実体界の活動を現象界にコーディングにより変換した際、そのコードから生じたはずである。しかし、そのコードがわからない人間は、コード解読に向けて知恵を絞って努力するしかない。ライプニッツの「状況分析」は、その手始めになるはずのものである。しかし、「状況分析が『合同』という基本概念から出発するのなら、前述の『物差し』に基づくメトリックをあらかじめ前提することになるではないか」という疑問が出るかもしれない。この疑問に答えるには、(i)「メトリックの存在を前提すること」と、(ii)「特定のメトリックを前提すること」の違いを指摘しなければならない。「状況分析」は、確かに(i)に依存するが、(ii)には依存しない。したがって、メトリックの自由度は全然制限されてないのである。何らかのメトリックは必要だが、「どのようなメトリックか」はまだ指定されておらず、「任意の」ままに残されている。それゆえ、「状況分析」の成果は、モナド界の特質を探るための（量的ではなく）「質的な」幾何学となりうる。

　このような「状況分析」を基礎におく点で、ライプニッツの動力学はニュートン力学とは決定的に異なる。絶対空間と絶対時間を天下りで導入して力学を始めたニュートンにおいて、絶対空間は、実はユークリッド空間にほかならず、その特定のメトリックも天下りで前提されている。絶対時間は、世界の事物とは独立に、一様に流れる（それゆえ場所には依存しない）と見なされるので、これも「一様な時間メトリック」という厳しい制限がかかる。しかも、空間と時間とは、独立しており無関係である。ライプニッツでは、前述の自

由度が残されていることに加えて、空間と時間との「関係」も考慮に入る余地が残されている。確かに、ライプニッツ自身が指摘するとおり、「状況分析」は同時存在する対象にしか適用できず、同時存在には収まらない「運動」には適用できない。したがって、「状況分析」は「継起する対象」にも適用できないので、時間も適用の対象外である。それにもかかわらず、「すべてのものは互いにつながっている」というライプニッツの常套文句だけでなく、空間の基盤も時間の基盤も、ともにモナドの原初的力にさかのぼることを忘れてはならない。空間も時間も、その成り立ちは、究極的にはモナドの活動にさかのぼるのである。

ライプニッツにとっては、もし空間と時間とがニュートン力学におけるように独立で無関係だったとしたなら、その理由を立ち入って述べなければならないことになったであろう。二つは無関係ではなく、むしろ「何らかの関係がある」方がはるかに自然なことであるはずである。この第2部で空間と時間の問題を論じる際、その点をもっと詳細に掘り下げる予定である。わたしの見通しでは、空間の基盤と時間の基盤は確かに異なる（しかし、モナドにおいて結合している）が、空間のメトリックと時間のメトリックの間には相互依存の関係がありうる。図11でローレンツのメトリック（縦軸が時間相当、横軸が空間）を例として出したのは、そのための布石である。

43 「状況」から「空間」へ

デ・リージの研究に戻って、ライプニッツが晩年に到達した「空間論」の概要を見よう。デ・リージは、ライプニッツの遺稿も調べ、ライプニッツが死の直前まで「状況分析」の改訂を続けていたことを明らかにした。クラークとの論争は、その重要な時期と重なるの

である。すでに触れたとおり、この時期、ライプニッツは「空間とはすべての場所がある、あるいはすべての点がある場所である」という見解にたどり着いていた (De Risi 2007, 167)。クラークへの書簡では、この見解がきわめて省略的に述べられたのである。この定義の文言は、きわめて注意深く理解されなければならない。まず、「状況」や「場所」は、すべて**関係**に基づいて規定されている。したがって、「場所」は「点」にまで抽象されているが、「関係の担い手」であるという性格は変わらない。現代の集合論での点、集合の単なるメンバーとしての点とは、意味が違うのである。ライプニッツの点は、もちろん外延を持たない（大きさがない）けれども、他の点との間に無数の関係を持ちうる、つまり「関係を担って、状況の中にある」点である。

　同じことは、次のようにも言い換えられる。空間は場所（点としての場所）から合成される（たとえば、壁が多数のレンガという部分から合成されるように）のではなく、場所から**構築される**のである (De Risi 2007, 173-174)。その際、場所は関係の担い手にすぎず、関係が空間構築の主役であり、点としての場所は空間の部分ですらない（この点は、以下の56節で「ホモゴニー」の概念が定義されるとき明らかとなる）。大きさのない点をいくら集めても大きさ（外延）は生まれないが、点の間に張りめぐらされる関係から大きさが生まれる。要するに、場所としての点は関係を担い、関係がメトリックの担い手となる。ここまでの説明を踏まえて、もう一度図10を眺めると、矢印で表した関係が、物体または点の間に**構造**を与えていることが直観的にわかるはずである。その構造に、空間の量、すなわち外延の大きさが帰属するのである。

　すべての場所を網羅する空間を、ライプニッツは「絶対空間」と呼ぶ。しかし、これはニュートンの絶対空間とはまったく別物で、「不動の基準系」を意味するものではない。デ・リージの検討はまだまだ続き、ライプニッツが言う空間の特性、メトリック、一様性（等

方性、どの方向にも変わりがないこと)、曲率、連続性、同質性、三次元性などに話題が及ぶのだが、本書では立ち入るのを控える。彼の検討によれば、ライプニッツが「状況分析」に基づいて考えた空間は、等方性があり、曲率一定(ユークリッド空間は曲率ゼロ、曲がっていないが、ライプニッツの考察は非ユークリッド幾何学も許容できるものだった)、連続的、同質的、そして三次元である。しかし、動力学に主要な関心があるわれわれには、空間に時間がどのように加わるのかという問題の方がはるかに重要なので、先へ急ごう。

第 12 章

時間はどうなるか

44　デ・リージの誤解

　デ・リージは、彼の本の第2章、「追加」の部分で運動に触れる。もちろん、運動には「時間」が絡む。そこで、彼は「状況分析」が運動と時間にまで拡張できるか、あるいは適用できるか、と問題提起する (De Risi 2007, 266)。このような「問題提起」をはじめとして、この部分で彼が主張することには、同意できない部分が多い。彼は、一般に、時間に関するライプニッツの取り組み方に対して、それまでの態度とは一変して「非同情的」なのである。読み始めてすぐに、「ライプニッツの時間論を誤解しているのではないか、あるいはそもそも理解してないのではないか？」(このクラスの優秀な研究者にしては珍しいことである) という疑問が湧いてきた。まず、次の主張が出てくる。

　　ライプニッツは、時間構造を、たびたび、空間構造と類比的でそれを映したようなものとして提示する。そこで、われわれは、状況分析が時間に適用できるのか、あるいはどの程度まで適用できるのかという問いへと、きわめて自然に導かれる。(De Risi

2007, 270)

　この「状況分析が時間に適用できるか」という問い、答えは明らかに(論理的に)「否」である。**定義**により、「状況」は同時存在するものの間にしか成立しない。本書の読者には直ちに答えがわかるはずである。数多くのテキストで、ライプニッツは「空間は同時存在の秩序、時間は継起の秩序」と繰り返し述べている。これを読まなかったのだろうか？　さらに、デ・リージは、ライプニッツを次のように論難する。

　　主要な難点は、時間的系列の順序づけをする原理をライプニッツが全然示していないというところにある。(De Risi 2007, 271)

　この主張も、わたしには大きな驚きである。本書第1部でさんざん繰り返したとおり、モナドの活動を支配する内的原理、原初的力、あるいは遷移関数によって、どのモナドの状態遷移も**順序**が一挙に決まっている。これ以外に、どんな「順序づけの原理」も不要である。これでもう決着はついたようなものだが、デ・リージの「誤解」の原因がわかるような主張がもう一つあるので、念のために引用しておこう。

　　ライプニッツの大多数の書き物で、彼は時間の経過をモナドの性質の変化で説明しているようである。つまり、**彼は明らかに実体を時間的継起のある領域においている**。しかし、他の著作、とくに後期の著作で、ライプニッツは、これに反して、時間に関する極端な現象主義をとっているように見える。つまり、**モナドは時間的順序の外にあり、モナドの現象的現れのみが時間のうちで生じる**、と考えているようである。(De Risi 2007, 271、強調は筆者内井)

デ・リージは、要するに、ライプニッツは時間について二つの相容れない見解を持っており、それゆえ時間論を展開するまともな原理を欠いている、と言いたいのである。本書第1部では、中期の『形而上学叙説』以後のライプニッツの見解を見てきたが、わたしが読んだ限りでは、ライプニッツが実体を時間の領域に入れた箇所は見つからない（見つかるはずがない！）。「実体の変化」や「状態変化」を言うことは、時間を認めることにはならない。なぜなら、何度も言ってきたように、変化の系列は**無時間**世界で一挙に与えられているからである。デ・リージはこれを誤解したのであろう。わたし自身、一度同じ誤解に陥ったことがあるので、誤解の原因がよくわかるのである。

45　時間と時間の基盤

　モナド界に空間はないが、空間の「基盤」はある。そうでなければ、空間の成り立ちは説明のしようがない。まったく同じように、モナド界に時間はないが、時間の「基盤」があるはずである。ライプニッツが「空間は同時存在の秩序であり、時間は継起の秩序である」と繰り返し言うとき、これは、かなり省略した語法であることに注意しなければならない（そのため、多くのライプニッツ学者が誤解に導かれたようである）。彼は、時空の基盤と、時空そのものとについて、「一息で」語っていると解釈しなければならない（晩年の「数学の形而上学的基礎」でも同じ注意が必要）。そもそも、「状況分析」自体が、空間の幾何学を、モナド界にある「空間の基盤」と関係づけるための研究だったはずである。これについては、デ・リージの研究のおかげで、わたしは大変多くのものを学んだ。そこから、時間について

も、ライプニッツは同じような構想を持っていたはずだという考えがわたしに浮かんできたのである。

ライプニッツの「未完の時間論」の構図は、実は、デ・リージに対する批判を最後にもう一押しすれば見えてくる。「状況」概念にこだわりすぎたために彼には見えなかったものが、そのこだわりのないわたしには、見えてくる。次の引用文がヒントである（引用文で出てくる「測度」とは、大きさ、量の基準のこと）。

> ライプニッツが最大の努力を費やして、自分の測度理論を構築しようとして得た最善の結果は、次のことを示した点にある。すなわち、連続的な量の測度は、点（あるいは瞬間）の数から生じるのではなく、連続体を構成する要素の間で成り立っていると想定された関係から生まれる特定の関数だということ。その当然の帰結として、測度を持つ連続体であるためには、**時間は状況の関係から生じるのでなければならない**。（De Risi 2007, 274、強調は筆者内井）

デ・リージがいかに「状況」概念にこだわりすぎたか、一目瞭然である（強調部分、これは不可能！）。時間が「状況」から生まれるわけはなく、「継起」から生まれるに決まっている。そこで、わたしは、デ・リージの言い分にほとんど賛成で、最後の文の後半だけを、「**時間はモナドの状態継起の関係から生じるのでなければならない**」と変更すればよい！　ライプニッツにはそれが当然見えていたはずである。だから、彼は晩年の著作でも空間と時間の間に成り立つアナロジーを熱心に追究していた（後述）。

「状況分析」を数学的あるいは論理的に抽象化する際、ライプニッツは「点」を導入した。同じ方法は時間の基礎づけにも使える。時間の「瞬間」は点で表してよいし、その点には大きさはない。しかし、時間は「瞬間」の集合ではない。無数の「瞬間」の間には、継起の関

係、つまりモナドの「状態遷移にしたがった順序関係」があって、その関係が「構造」を生み出し、その関係がメトリックの担い手となる。この論理は、問題の関係が「状況」から「継起、順序」に変わっただけで、後はそっくり同じである。したがって、ライプニッツはこの「最善の結果」を時間論にも適用したに違いない。しかも、時間は一次元だから、空間の幾何学よりもはるかに単純な構造でしかない。簡単に要約すれば、モナド界での時間の基盤は、モナドの状態遷移の順序、継起の順序である。そして、現象界での時間は、この順序がコード化され、量を与えられた一次元の連続体である。かくして、結論として、量的時間がこのようにして得られるのだから、現象における量的運動も可能となる。すなわち、「状況」と「時間を通じた状況の変化」とをつなげばよいのである。

わたし自身がテキストを調べた限りでは、ライプニッツ時間論のこの構図は、1703年にはすでにできていたはずである。その証拠として、デ・フォルダー宛の書簡（1703年6月20日）から引用しておく。

> わたしは、外延とは同時存在する可能性の間の秩序、時間は両立できない可能性の間の秩序だと言いました。これに対して、あなたは、もしそうならばこれは驚きだ、時間はすべてのものに、心的なものも物体も含めたすべてに見いだせるのに、なぜ外延は物体にしか見いだせないのか、とおっしゃいました。わたしの答えはこうです。外延の場合も時間の場合も、また心的な事物についても物体についても、理由は同じです。すなわち、心的か物体的かにかかわらず、どんな変化にも継起の順序にはいわば座 [sedes] があり、同時存在の秩序つまり空間中には場所 [locus] があるのです。（**AG** 178、ラテン語の原語挿入は筆者内井）

つまり、ライプニッツは心的な出来事にも物理的な出来事にも場所があり、生じる時間があるではないか、と言っている。たとえば、

わたしは気が短いので頻繁に怒り（心的現象）を覚えることがあるが、「あのときの怒り」は何年何月何日、某大学の某教室で、「別のときの怒り」は、いつ何時、わが家の食卓についたとき、と記述できる。それはともかくとして、ライプニッツは空間と時間をほとんど常にペアにして論じ、モナド界での基盤に関わる含みをもたせる。そこで、空間、時間、運動のいずれについても、「基盤」の問題と「現象で現れるときのコード化」の問題を振り分けて論じるのが、解釈者のつとめだとわたしは考える。ここの引用については、「同時存在」（共存）には、現象界での同時性だけでなく、モナド界での共存と（プログラムを通じた）相互関係に対する言及も含まれ、「継起の順序」には、モナドの状態遷移と現象界での出来事の時間的継起が含まれる。そして、最も重要なことは、ライプニッツが空間と時間の間のアナロジーについて、いささかのためらいも見せていないことである。実体と現象の橋渡しについて、構図ができていなければそうはいかない。すでに述べたとおり、クラークとの論争時には、この構図の中に、いわば「細部を詳細に書き込んでいる」最中だったはずである。

46　クラーク宛第五書簡でのヒント

　以上のように、ライプニッツの時間論の構図について結論が出たところで、ようやくライプニッツの重要なテキストを引用する準備が整った。クラークとの論争、第四書簡までは穏やかに書いていたライプニッツ、クラークの頑迷な反論に業を煮やし、ついに怒って一気呵成の長文の書簡を書き、論調も変わってくる。そのクラーク宛第五書簡、第105節の文章である。

　あなたは、時間の量は大きくなったり小さくなったりしうるの

に、継起の順序は同じままなのだから、時間は継起する事物の順序ではありえない、と反論する。わたしの答えは、次の通り。実はそうではない。なぜならば、時間の量が大きければ、継起し、類似した状態がより多く存在し、また、小さければそのような状態はより少ないからである。［空間の］場所について空隙や圧縮がないのと同様、時間についてもそんなものはないのであるから。(Alexander 1956, 89-90)

この文章を最初読んだときは、「これは答えになっていないではないか」と失望したが、その後長らく（十年ほど）引っかかっていた。この文章の背後にある理屈がわからなかったのである。しかし、デ・リージの本を読んで、やっと隠されていた理屈がわかった。ライプニッツがここで言っているのは、神は、現象における時間の連続体をモナド界における状態遷移の順序から（しかるべきコーディングによって）造り出してメトリックを与えることができる、ということである。

ライプニッツのこの主張を、数学的な理屈がもっとわかるように言い換えると、次のようになろう。モナドの任意の状態を二つ、前に来る $[x]$ と後に来る $[y]$ をとるとしよう。そうすると、二つの間に必ず別の状態 $[z]$ がなければならない。それだけでなく、$[x]$ と $[z]$ の間にもまた別の状態が入り、とつねに間が埋まっていくのである。したがって、どんな状態の間にも隙間がない。これが「連続性の原理」が要求する性質にほかならない。そこで、このような状態の連続体を「長さ」という量を持つ連続体、つまり「時間の長さ」に変換するときは、$[x]$ から $[y]$ に移るまでの現象界での時間の長さは、$[x]$ から $[z]$ に移るまでの長さより大きくなるようにメトリックを与えなければならない。それによって、「状態遷移」と「時間の経過」の間に、少なくとも「部分的な同型性」が確保できる。

このようにして、空間や物質が無限分割可能であるのと同様に、

時間も無限分割可能である（連続体だから）。ライプニッツの文章は、そのことを別の言葉で述べている。そこで、第1部36節で導入した、モナドの状態遷移の「離散的モデル」は明らかに不十分なのだが、それを承知の上でしばらく使い続ける。その理由は、やがて明らかになるように、この離散的モデルで得られる重要な結果が、連続的状態遷移の場合にも意外と簡単に拡張できるからである。

　ただし、現象界の時間のメトリックという問題に移る前に、もうしばらく必要な作業がある。まず、モナド界における「時間の基盤」にかかわるライプニッツの一般的な見解を確認しておく必要がある。というのも、すでに指摘したデ・リージの誤解だけでなく、これまでに数多くのライプニッツ学者がライプニッツの時間論を誤解、あるいは曲解してきた原因は、「基盤」の問題をおろそかにしてきたことにあるからである。そのことを読者に理解していただかなければ、後で述べるわたし自身の「新解釈」の値打ちがわかってもらえないだろう。

第 13 章

ライプニッツ時間論を解読する

47 アーサーの試み

　現代のライプニッツ研究において、ライプニッツの時間論研究に新しい視点を導入した功績は、リチャード・アーサーの1985年の論文にあるのではなかろうか (Arthur 1985)。わたしが言う「時間の基盤」の問題に曲がりなりにも触れたのは、アーサーが初めてではないかと理解するからである。ラッセル (Bertrand Russell, 1872-1970) の古典的な研究で、ライプニッツの時間論は「矛盾を含む」とこき下ろされた。その後も、レッシャー、マクガイアなど、ライプニッツには二つの異なる時間概念 (モナド界と現象界) があるとして、やはりライプニッツの不備を言い立てる解釈が続いた、とアーサーは嘆く (Arthur 1985, 265)。わたしは、これらの先行研究に立ち入るつもりはないので、アーサーの研究、そしてその改良を試みたカヴァーの研究 (1997) を手短に紹介、批判した後、自分の新しい解釈を展開することとする。

　アーサーが注意を喚起したのは、「数学の形而上学的基礎」(**Loemker** 666-674) という、ライプニッツが1714年 (異説あり) に書いた論文である (ラテン語の原論文は、**GM7**に収録されているので、適

宜参照する)。すでに本書第1部でも言及したこの論文、冒頭部分で時間に関わるライプニッツの見解が簡潔に展開される。アーサーはその箇所を根拠として、「ライプニッツ時間論の再構成」を試みる。それを検討するのがこれからしばらくの目的であるが、ライプニッツの原論文の筋書きをまず押さえておかなければならない。文脈を無視した引用は厳に慎むべきなので、この作業は省けない。

　論文の冒頭で、ライプニッツは、(ⅰ)「数学よりも包括的な分析の技法があり、そこから数学は最も見事な方法を引き出す」と言う。さらに、(ⅱ) これを示すためには「何らかの高次元の原理」を必要とする、と言う(**Loemker** 666)。つまり、彼は、幾何学や数学的物理学を含む数学の、より深い基礎づけを目指しているのである。この短い導入部に続いて、時間、空間、幾何学(状況分析)、および運動について述べていく。このような議論の流れから、何がわかるか。

　この論文でライプニッツは『モナドロジー』には言及しないが、「高次元の原理」に言及したからには、当然形而上学が念頭にあるはずである(タイトルにも「形而上学」が含まれている)。そして、全体の筋書きを見ると、この論文は動力学、数学、および形而上学をつなぐ役割を果たそうとしているように読めるのである。また、すでに本書で何度も注意を喚起してきたように、ライプニッツはモナド界と現象界の間で、数多くの「部分的同型性」が成り立つと考えていることも忘れてはならない。

　以上を銘記した上で、アーサーの論文に移ろう。彼の主要関心事は時間の問題に限定されており、ライプニッツの見解を「形式的に再構成する」と宣言する。

　　ライプニッツの公理と定義を集合論の記号で述べることにより、各モナドのうちでの時間を前提せずとも、瞬間と時間がそのような基礎の上に構成できることが示せる。(Arthur 1985, 268)

アーサーの論文では、わたしの言う「時間」と「時間の基盤」の区別に相当するものはないのだが、「モナド内の時間を前提せずに現象界の時間を構築できる」と読める彼の主張は、わたしの解釈と親近性があり、十分検討に値する。彼の議論は、次の引用から始まる。

(1) 多くのものの状態が存在して、互いの間での対立がないと見なされるなら、それらの状態は**同時**に存在すると言われる。(Loemker 666)

アーサーは、この引用文でライプニッツが現象ではなくモナドについて語っていると仮定する。この仮定が妥当かどうか直ちに明らかではない（後に再論）が、アーサーにしたがって、「多くのものの状態」は「多数のモナドの状態」だと読んでおこう。時間の成り立ちを説明するために、ライプニッツはいずれにせよモナドに遡らなければならないのだから、この読み方には意味がある。

そうすると、次に問題となるのは「互いの間での対立」とは何を意味するかということ。アーサーは、何のためらいもなく、「互いの状態が両立不能」と解釈する。ライプニッツは、確かに、「時間は互いに矛盾する可能性の順序である」と言う。また、ひとつのモナドに話を限ると、状態遷移により変化が生まれるが、これは、前の状態と後の状態が異なる（つまり、状態の内容が異なる）ので二つは両立不可能だと言える。しかし、それを認めたとしても、二つ以上の異なるモナドの状態について同じことが言えるだろうか？　この疑問は、実は、アーサーの解釈の核心に関わる。やっかいなのは、ライプニッツもわれわれも、「モナドの状態」について、具体的には何も語れないということ。そこで、ライプニッツが説明に挙げる例も現象の世界から来る。「われわれは、昨年起きたことと今年起きたことが同時だとは言わない」、なぜなら、出来事のこれら二つの集まりは、「同じものの両立不能な状態」を含むからである、と彼は言

う。しかし、この例にはまだ多義性が残る。

　もっと具体的な、次の二つの事態を考えてみよう。「わたしは、昨年、国外旅行に出かけなかった」と「わたしは、今年、国外旅行に出かける」という二つの事態は、**同一の年に生じたとしたなら**（つまり、「昨年」と「今年」がともに2015年を指すなら）両立不能である。しかし、それぞれ異なる年を指すなら両立可能である。この単純な例から、ライプニッツの言う「対立」も、アーサーの言う「両立不能」も、実は「条件つきの両立不能性」ではないかという疑念が生じる。以下、第1部36節で導入した簡単な記号を使うので、想起していただきたい。

　同一モナドの二つの状態 *[x]* と *[y]* に話を移し替えるなら、*[y]* はもし *[x]* と同じ順序に置かれたなら両立不能（*[x]* ≠ *[y]* ゆえ）であるが、これら二状態は異なる順序に置かれているので、両立可能なのである。では、二つの異なるモナドの状態ならどうか？　モナド1の状態が *[x]*、モナド2の状態が *[y]* とすれば、神がこれら二つのモナドを創造したのだから、二状態の順序がどうであれ、二つは両立可能であるに決まっている。しかし、*[x]* を *[y]* で置き換えたとしたならどうか？　これは「両立不能」どころではなく、モナドの「個性」、「同一性」が壊れてしまう！

　つまり、以上の短い検討だけで、アーサーの解釈は維持できそうにない。本書第1部で論じたとおり、モナドの個性はそれぞれの状態系列（遷移関数）で決まり、すべてのモナドは**ともに可能**である。なぜなら、神は可能世界のうちから最善の世界を選んで実現したのだから、すべてのモナドは矛盾なく共存する（したがって、すべて両立可能）。したがって、アーサー解釈によれば、すべてのモナドは「同時性」の条件を満たすことになり、さらに、どのモナドのどの状態も、別のモナドのどの状態とも両立可能であるゆえ、同時に存在することになる。これは、決して間違いではないが、モナド界が無時間であることからのつまらない帰結にすぎず、時間の基盤を明ら

第13章　ライプニッツ時間論を解読する

かにするには、全然役に立たない。そもそも、アーサー解釈による「同時性」は時間概念ですらない。

　その理由がどこにあるか、すでに明らかであろう。無条件にせよ条件つきにせよ、論理的な両立不能性は、**状態の順序**を考慮に入れなければ使い物にならない。そして、本書で何度も強調してきたとおり、モナドの情報において、状態の順序は本質的なのである。アーサーは、「状態の両立不能性」から出発して、「継起の順序」を再構成しようとしたが、この方針自体がライプニッツの形而上学と相容れない。モナドは、「状態遷移の順序がすべて決められて」創造されている。したがって、「継起の順序」は「再構成」の対象ではなく、時間の基盤を論じる場合の「出発点」と見なされるべきものである。おそらく、アーサーはモナドの状態について、順序を無視しても「表現内容」があるはずだから、その内容の論理的「両立不能性」をテコにして、順序が復元できると考えたのであろう。しかし、「元の順序」と「復元された順序」が同一であることを示さなければ、「復元」にはならない。そのような議論は、アーサーにも、アーサーの路線を引き継いだカヴァー（49節で紹介する）にも、まったく見当たらない。

　こういう次第で、アーサーの苦心の「再構成」の詳細には、もはや立ち入る必要がなくなった。ただし、彼には、ライプニッツの時間論を論じる際の「目の付け所」を明らかにした功績が認められなければならない。現象界の時間には、モナド界における基盤があるはずで、その「基盤自体」は時間を前提しない。この考え方を、曲がりなりにも提示し、それまでの先行研究に異議申し立てをしたのは、大変有意義なことであった。

48　ライプニッツの「二重解釈」

　残るのは、ライプニッツからの引用文の解釈である。前節で、「モナドの状態がわれわれ人間にはわからないので、定義すべき概念の説明には現象界からの例を使う」という方策をライプニッツがとっていることを指摘した。ここに、解釈のための一つのヒントがある。時間を論じるために、「同時性」の概念を重視したのはライプニッツの卓見であった（その点で、ニュートンはとても及ばない）。しかし、ライプニッツにとって、現象界の時間とモナド界の「時間の基盤」との間には、少なくとも「部分的同型性」が成り立たなければならない。これは、彼が形而上学や力学を構築する際に、ほとんど自明の要件だと見なしたはずである（すでに、本書第1部で、いくつかの対応の実例を示した）。前節（1）の引用文を、これを踏まえて読み直せばどうなるだろうか。

　わたしの解釈は、（1）をはじめとして、それに続くライプニッツの三つの命題は、「時間概念の定義、およびその定義を支えるモナド界での基盤」の両方について、同時に、一息で語っていると見なす。これを「二重解釈」と名づけておこう。したがって、「同時」という言葉は、一方では「時間概念」と解釈できるが、他方ではそれに対応するモナド界での「同時性の基盤」（これは時間概念ではない）とも解釈できる。このような解釈の根拠は、論文のタイトルと、全体の筋書き、すなわち、動力学で使われる概念を「より高次元の原理」に訴えて基礎づけるという、ライプニッツが明言した目的とによる。

　そこで、（1）で言われた「互いの間での対立がない状態」とは、まず「基盤」についての記述だと読めば、すべてのモナドの対応する状態、すなわち「共存している状態」のことだと理解できる。どのモナドの状態も、決まった順序で並んでいるので、任意の一つのモ

ナドとその一状態をとり、それと共存可能な状態を他のすべてのモナドから取り出せば、この「共存している状態」、つまり「モナド界全体の一状態」があるはずである（より詳しくは、後の(3)の引用のところで述べる）。ここで注意していただきたいのは、アーサーの場合とは違って、わたしの記述は、「モナドもその状態変化の順序も与えられた」という大前提のもとで行われていること。ここでの「共存」とは、無時間モナド界の事態だから、時間概念の前提はない。何度も繰り返すが、無時間世界での「順序」は、時間ではない。自然数が1ずつ大きくなっていく系列に順序はあるが、時間は無関係であるのとまったく同じである。

　他方、この基盤の上に時間概念としての「同時性」が構成できる。それが第二の読み方で、現象界での事態へ（コーディングにより）変換されたモナド界の姿（一状態）を記述するために使われる。この同時性は、流れていく時間の瞬間ごとに成り立つ事態である。しかも、時間の「基盤」とこのような「同時性」の間には、同型性がきれいに保たれていることに注意されたい（時間のメトリックは現象界のみで現れる。41節の図11についての注意を想起されたい）。わたしの「二重解釈」によるこの読み方は、モナド界と現象界とをつないでいるだけでなく、解釈上の多義性が生じるとも思えない。

　ライプニッツは、(1)に続いて、時間の前後関係を定義する。その部分を次の(2)として引用する。

(2)　同時的でない二つの状態のうち、一方が他方の理由を含むなら、そちらが**前**に来て他方が**後**に来る。(**Loemker** 666)

　この定義、まずモナドの領域での基盤として読めば、次のようになる。単一のモナドの二つの状態 *[x]* と *[y]* について、*[x]* が *[y]* の「理由を含む」かどうかは、状態遷移の順序を見ればわかる。明らかに、遷移関数の性質からして、順序が前の方が後の状態の理由を含

むので、(2)は当然成り立つ。他方、現象界での時間的な前後関係は、モナドの状態遷移の順序に対応しなければならないので、こちらの読み方でも(2)は問題なく成り立つ。ただし、この結果は、単一のモナドの場合にすぎない。多数のモナド、あるいはモナド界全体についてはどうなるのだろうか。この疑問に答えるのが次の引用であり、ライプニッツに特徴的な「すべてのものはつながっている」という主張が持ち出される。

(3) わたしの先立つ状態は、後続の状態が存在することの理由を含んでいる。そして、わたしの先立つ状態は、すべてのものがつながっているという理由により、他のものの先立つ状態もまた含んでいる。したがって、わたしの先立つ状態は、それら他のものの後続状態の理由をも含んでいる。
(**Loemker** 666)

この引用文が、ライプニッツの時間論を理解するためのカギとなる。したがって、彼がこれを言うとき、何を前提しているか、何を前提していないかを、しっかりと確認しなければならない。まず、時間の基盤はどうなるか。任意のモナドを一つ、その任意の状態 *[x]* を一つ考える。そうすると、(1)の定義により、この状態と共存する状態がモナド界全体にわたって決まる。ここで、各モナドは、それぞれの視点から同一の世界全体を表現して(映して)いるというライプニッツの主張を想起しよう。しかし、(3)の文脈では、世界全体ではなく、*[x]* と「共存する状態」、すなわち *[x]* の順序と対応する、他のモナドの状態が語られている。これは、いわば「順序ごとに切り取られた」世界の一状態である。ということは、ライプニッツは、モナドの一状態ごとに、そのうちに無限個の共存状態が「含まれている」、あるいはしかるべき形態で「表現されている」と前提していることになる。これは、単に「モナドが世界を映す」という

一般的な主張よりも、はるかに立ち入った詳細な主張になっている。

アインシュタインの相対性理論をご存じの方は、思い当たることがあるだろう。特殊相対論でも重力理論（一般相対論）でも、「同時性」はきわめて大きな役割を果たし、時点ごとに切り取られる空間は「同時性の面」（本当は三次元）と呼ばれる。ライプニッツの (3) の主張は、モナド界では、いわば「順序ごとの共存の一状態」（無時間）を切り取り、それを現象界での「同時性の面」へとコーディングにより変換するのである。したがって、現象界でも、コード化されてはいるが、一時点ごとにモナド界全体の状態遷移が表現されていることになる。もちろん、われわれ人間に解読は不可能であるが、「ライプニッツのデモン」には解読可能かもしれないのである。

49　カヴァーの「世界状態」

ここで、「二重解釈」の読みを一時中断する。「中断」と言っても、すでに解読した三つの命題中に、ライプニッツ時間論のエッセンスは入っており、後は結論を引き出すだけなのである。本節では、アーサーによるライプニッツ時間論再構成を改善しようとした J・A・カヴァーの試みを紹介する (Cover 1997)。というのも、彼の試みは、(3) の解釈に関して見るべきものがあるので、(3) を解読したばかりの現在の文脈で論じるのが適当だからである。アーサーの着想を引き継いだカヴァーは、「両立不能」という、すでにわたしが却下した概念に依存してではあるが、前述の「順序ごとの共存の一状態」に相当するものを構成しようとした。以下、わたし自身による比較的自由な解説となる。

カヴァーは、モナド界のすべての状態の集合を考える（このアイデアは順序を無視するので、わたしは同意できないが、いま彼のアイデ

アを解説している)。そして、それらすべての状態から、矛盾を含まない組み合わせをすべて拾い上げて、別々の集合とする。この作業で必要なのは、「両立不能」の否定、すなわち「両立可能」(矛盾を含まない) という論理的関係だけである。これら一つ一つの(状態の)集合は、「共存できる状態をすべてもれなく含む」ものとなる(別名「最大無矛盾集合」)。それゆえ、これらの集合はすべて互いに異なる。これらの集合は、いったい何を表しているのか? 簡単に言えば、モナド界全体がとりうる状態、すなわち「世界状態」(瞬間的状態) と呼びうるものを表している。

カヴァーの次のステップは、この「世界状態」を使って、(3)の内容を解釈することである。モナドの任意の状態は、どれか一つの世界状態を含むはずである(なぜなら、前節で見たように、モナドの一状態は共存状態とすべてつながっているから)。そうすると、この条件を使って、(1) の同時性の定義を書き直せるではないか!

(C1) 二つの状態 *[x]* と *[y]* は、同一の世界状態を含む場合、その場合に限って「同時である」と言われる。(Cover 1997, 312)

つまり、カヴァーのアイデアの面白いところは、(3)まで考慮に入れた上で、「両立可能」という論理的関係だけを用いて「世界状態」も「同時性」も定義しようというところにある。もちろん、問題点は、モナド界の本質的情報である状態遷移の「順序」を、このやり方でどのように回復できるのか、というところにある。そもそも、神がもともと与えている順序の情報を捨てて、なぜ「状態の集合」に放り込んでから再出発するのか? わたしにはさっぱり理解できない。したがって、(C1) の巧妙さには感銘を受けるが、このような解釈はライプニッツ時間論には妥当しないと判断せざるをえない。以上で、わたしにいくつかのヒントを与えてくれた先行研究にしかるべき敬意を払ったので、また「二重解釈」の読みに戻って、結論に向か

おう。

50　時間の基盤から量的時間へ

　すでに(3)までの「二重解釈」を示したので、残っているのは三つの命題から導かれる結論だけである。

(4)　したがって、存在するものは、他の存在物と同時であるか、先行するか、それとも後続するかのいずれかである。
　　（**Loemker** 666）

　三つの命題の「二重解釈」には、これまで何も問題は生じなかったので、(4)についても、モナド界に関する結論と、現象界に関する結論とが読み取れるはずである。まず、モナド界について。文脈より、任意のモナドの任意の状態が他のモナドの状態と持つ**順序関係**は、「同順序」、「前」、「後」のいずれかである。そこで、(1)で言われた「共存状態」を想起しよう。これは、「モナド界全体の一状態」にほかならず、カヴァーが苦心して言おうとした「世界状態」の正しい姿である。つまり、どのモナドのどの状態をとっても、他のモナドの一状態が必ず「同順序」に並んでいるので、モナド界全体の「一状態」が切り取れることになる。したがって、「世界状態の順序」が一義的に決まっていることがわかる。この順序の「前」にさかのぼっても、「後」にいってもまったく同じである。この世界状態の順序（無時間）が、現象界の時間の「基盤」であることは言うまでもない（以上四つの命題(1)～(4)については、原典を確かめたい人のために「第2部への注記」でラテン語テキストも引用しておく）。
　ライプニッツは、最後にもう一つの結論を引き出す。

(5) 時間は、同時ではないものの存在の順序である。かくして、時間は、われわれが変化のどのような特定の種類であるかを考察から外した場合、変化の普遍的な順序である。
（**Loemker** 666）

これについても「二重解釈」が当然維持される。モナド界での「変化の普遍的な順序」とは、わたしの解釈では、一つ一つのモナドの「状態遷移の順序」であるばかりでなく、すべてのモナドを考えた場合の「世界状態の順序」でもある。何に対しても当てはまる、つまり、普遍的で共通の順序である。そこで、現象界の時間は、この実体界の基盤が、コーディングを経て表現されたメトリックをもつ連続体となり、この時間も普遍的な順序を受け継ぐ。以上が、わたしの「二重解釈」による、ライプニッツ時間論の本線である。

第 14 章

モナド界のモデル

51　有限モデルでも有益

　前章までの「言葉だけによる説明」では、わたしのライプニッツ解釈が読者に十分理解されたかどうか心許ないので、本章では、簡単なイメージから順を追って本格的なイメージ(空間や時間の連続体)まで提示できるように、段階的にモデルを積み上げていくつもりである。難しい言葉を操る「哲学者」たちにあって、かなり頻繁に見られる「弱点」がある。それは、紙と筆記用具を使って、計算したり、証明したり、図解を援用して「哲学的アイデア」のイメージをわかりやすく描いてみせるという「技法」を厭うことである。しかし、この技法は、「よく考えるための技法」の一つである。

　モナド界のモデルを提示する、というと多数のライプニッツ学者には叱られるかもしれない。しかし、あえて、次のオモチャのようなモデル、たった4つのモナドしかない世界を考えよう。この「オモチャモデル」でも、重要な洞察がいくつか得られるのである。いずれのモナドも、たった3つしか状態を持たないと仮定する。それぞれの状態遷移を矢印で表現すれば、次の通りである。

モナド1　　$[a] \to [b] \to [c]$
モナド2　　$[d] \to [e] \to [f]$
モナド3　　$[g] \to [h] \to [i]$
モナド4　　$[j] \to [k] \to [l]$

　こんな単純な世界なら「モナド界」のイメージを作るのも簡単である。加えて、これまでよくわからなかったかもしれない「状態」、「知覚」、「表現」、および「現象」の関係も明快に説明できる。

　ライプニッツによれば、各モナドは、自分の状態または知覚によって、モナド界を表現する。その際、(ⅰ) 一つのモナドがモナド界全体を表現するというだけでなく、(ⅱ) モナドの一状態が順序ごとの「世界状態」を表現する (49、50節)。つまり、(ⅱ) が成り立つので (ⅰ) も成り立つというのが、ライプニッツ晩年の考えである。この点、いま導入したばかりの有限モデルで簡単に例示できる。

　まず、順序ごとの世界状態 (共存状態) はどう表現できるか。たとえば、最初の世界状態は、順序1にある4つを単純に「$[a][d][g][j]$」とつなげばよい。これを略記するには「W_1」(順序1の世界状態) と、順序の添え字をつければわかりやすい。

　次に、モナドの知覚あるいは表現を表す関数 R と、モナドに見える現象を表す関数 Ph を導入する。これらの関数はモナドごとに異なるかもしれないので、その違いを示す添え字が必要である。たとえば、モナド1が順序1の世界状態を知覚 (表現) していることは、「$R_1([a][d][g][j])$」または「$R_1(W_1)$」と書くことができる。モナドが変われば、同じ世界状態でも違って知覚される。モナドの「知覚」、「状態」には、つねに「リカージョンのリカージョン」が含まれているので注意されたい。モナドに見える現象は、知覚 (状態) と区別されなければならないと力説したが、それにしたがって、たとえば「$Ph_1(W_1)$」と書くことができる。より正確な表現を心がけるなら、「モナドの自足性」を考慮して、現象の記号表現で「W_1」の代わりに

「$R_1(W_1)$」を使う方が適切だと思われるが、煩雑になるのでより簡略な表現を使ったことをお断りしておく（Ph_1 の内部に R_1 も含まれていると理解されたい）。関数の添え字はモナドを、世界状態の添え字は**状態の順序**を表すことを銘記されたい。

そこで、モナド1の状態 *[a]* をもう一度考えてみると、この状態のうちに世界状態 W_1 が「映されている」はずだから、*[a]* は W_1 *(=[a][d][g][j])* を含んでいるはずである。それをまた別の記号で表現するのは煩わしいので、ここでは思い切って、

$$[a] = R_1([a][d][g][j]) = R_1(W_1)$$

という単純化で切り抜けることにする。モデルは、重要な特徴さえとらえておれば、簡単な方が便利である。

このような記号化の利点は、ライプニッツ自身が早くから追求していたことを想起されたい。われわれの記号化の利点は、とくに「リカージョンのリカージョン」の表現が一目瞭然となることである。モナドの「状態」はそれ自体が「知覚」だから、世界状態を自分なりに表現している。ところが、いま導入したばかりの簡便な表記を見ればわかるとおり、世界状態の中に自分の知覚がまた入り込んでいる。この入れ子状態は無限に続くはずである。また、モナドに見える現象は、すでに述べたように、知覚が別の形に変換されたものだと見なければならないから「$Ph_1(R_1(W_1))$」と表現すべきだろう。この入れ子状態も無限に続く。ライプニッツの形而上学は、そのことを簡潔に表現できる記号表現を要求しているのである。そして、われわれの「オモチャモデル」なら、そのような記号表現を比較的簡単に提示できるのである。

ここで、しっかりと注意すべき重要な区別がある。それは、「現象は状態や知覚に依存する」が「状態や知覚が現象に依存することはありえない」ということ。「モナドの知覚（状態）」は実在、モナド

界で生じるが、現象は実在とは別の領域にある。ライプニッツにおいては、現象の現象たるゆえんは、まさにここにある。したがって、状態や知覚と違って、**現象は世界状態の構成要素ではない**。それゆえ、「$(R_1(Ph_1(W_1)))$」というような、「知覚の中に現象が入る」表現は無意味である。

　一般的な注意はこれだけにして、このモデルを使って何が解明できるか、早速作業に入ろう。まず第一に、アーサーやカヴァーが採用した路線、すなわち「状態の両立不能性」を軸にした再構成が、ライプニッツ時間論のどこをとらえていたかということが明らかになる。モナド1の二状態、たとえば $[a]$ と $[b]$ は両立可能だろうか？わたしのモデルでは、状態の「順序」と「表現内容」とを明確に区別できるので、この問いには明快に答えることができる。すなわち、これら二つの状態は同一モナドの**継起する**（順序が異なる）状態なので、そのことを押さえれば、明らかに「両立可能」である（モナド界は無時間）。他方、二状態の**表現内容**だけを問題にするなら、内容には当然違いがなければならないから、「同じ順序では両立不能」という答えが出る。アーサーらの路線は、ライプニッツの見解のこの側面だけを切り取っていたのである。

　われわれの表記法では、

$$[a] = R_1(W_1)$$
$$[b] = R_1(W_2)$$

となるから、表現内容のうちにすでに順序（モナドの本質的な情報）に対する言及が含まれている。したがって、表記を見るだけで、先の答えが出る。さらに、世界状態も、順序の添え字を見るだけで両立不能であることがわかる（添え字の違いは変化、すなわち**内容の違い**を含意するので）。

　第二に、モナド1とモナド2の状態を比べてみよう。たとえば $[a]$

と [d] は両立可能か？　二つとも初期状態であり、順序は同じだから両立可能に決まっている（初期状態は神が設定するはず）。この順序を無視して、「二つの状態の表現内容が両立可能か？」と問いを立てるのはナンセンスである。順序の情報を落とせば、表現内容自体が不明である。

52　循環宇宙の可能性

　第三に、もう少し意味のある問いを立ててみよう。同一の状態がモナドで二度生じることは可能か？　ライプニッツでは、この可能性は排除されているはずだが、論理的な可能性として、これを考えてみる値打ちはありそうである。

　たとえば、モナド1の [a] は二度生じうるか？　ここで、「オモチャモデル」が威力を発揮する。まず、この状態が連続で生じることは、モナドではありえない。たとえば、

$$[a] \to [a] \to [c]$$

では最初の継起で変化が起きないので、モナドロジーでは不可能である。しかし、

$$[a] \to [b] \to [a]$$

ならどうだろうか？　このような働きをする有限オートマトンは現実にたくさんある。たとえば、信号機のようにサイクルを作り出す機械では不可欠でさえある。そこで、仮にこのような状態変化を繰り返すモナドがあるならば、モナド界には一定のサイクルで「同じ

変化の系列」を繰り返す「部分系」が生じる。また、仮にモナド界全体が初期状態に戻るなら、「循環宇宙」となるはずである。似たような考えは、現代の宇宙論でも提唱されている。

　以上の簡単な考察から、同じ状態の再現は論理的には可能であることがわかる。ということは、ライプニッツの『モナドロジー』には、それを禁じるような隠された前提があるということにほかならない。

　その前提に見当をつけるためには、モナド1の状態遷移で、仮に、最初の状態が順序3で再現するとして、世界状態を書いてみればよい。そうすると、（他には変更がないとして）順序1および順序3での世界状態は、

$$W_1 = [a][d][g][j],\ W_3 = [a][f][i][l]$$

となるはずである。そこで、順序1では、$[a] = R_1(W_1)$、順序3では $[a] = R_1(W_3)$ となるが、括弧の中の二つの世界状態は異なるので、$W_1 \neq W_3$。この場合、ライプニッツは、どのモナドについても次の仮定を受け入れるはずである（モナドを表す添え字は省略する）。

　　（H）　$W_1 \neq W_3$　ならば　$R(W_1) \neq R(W_3)$

　したがって、モナド1の順序1の状態と順序3の状態は異なるので矛盾が生じる。しかし、二つの世界状態が同じなら矛盾は生じないので、循環宇宙の可能性は「論理的には」残されている。実は、これが新しい発見である。ライプニッツが「モナド界は無限の変化を内蔵するので、現象界は循環なく無限に続く」と考えているのなら、それは「モナド界の変化には循環はない」という仮定を暗黙のうちに前提したからである。

　以上の有限モデルの概要を、次の表にまとめておく（表4）。

モナド	順序1の状態	順序2の状態	順序3の状態
1	$[a]$ $(R_1(W_1))$	$[b]$ $(R_1(W_2))$	$[c]$ $(R_1(W_3))$
2	$[d]$ $(R_2(W_1))$	$[e]$ $(R_2(W_2))$	$[f]$ $(R_2(W_3))$
3	$[g]$ $(R_3(W_1))$	$[h]$ $(R_3(W_2))$	$[i]$ $(R_3(W_3))$
4	$[j]$ $(R_4(W_1))$	$[k]$ $(R_4(W_2))$	$[l]$ $(R_4(W_3))$
世界状態	$W_1=[a][d][g][j]$	$W_2=[b][e][h][k]$	$W_3=[c][f][i][l]$

表4 モナドの有限モデル

　以上の有限モデルからひとつの一般的な洞察が得られる。このモデルでは、「モナドの状態（知覚）」がどういうたぐいのものであるのか、簡略化された形ではあるが、だいたい見当がつく。一つのモナドの状態は、対応する世界状態を「表現する」（コード R を介して）のであるが、世界状態の中には当のモナドの状態も含まれるというリカージョンが生じる。そして、これがモナドの状態のエッセンスとも言うべき特徴である。二枚の鏡が互いを映し合って「無限の入れ子構造」ができるように、モナドの「知覚内容」には同様な構造が神のコード（R）を経由して生まれ、そういった知覚の継起（遷移関数に従う）が別の構造（すなわち順序）を生む。モナドの活動とはそれの総体であって、それに含まれる「不変構造」がモナド界の本質的な特徴である。もちろん、われわれ人間には「モナドの状態」はわからないし、「遷移関数」もわからない。しかし、モナドの知覚（状態）に依存して、しかるべきモナドに見えるはずの「現象」（神による別のコーディング Ph 経由）のうちに、これらの不変構造が部分的な同型性を保って移される。人間には、その現象の姿（モナド界の不変構造プラス、コード由来の見え方を持つ）を頼りに、モナド界の不変構造

を認識できる道が開かれている。以上のようなライプニッツのシナリオが、このささやかな有限モデルから、ある程度のイメージを伴って見えてくるのである。

53　無限のモデルへの拡張

　前節のモデルを無限のモデルへ拡張するのは難しくない。ただし、次に構成するのは、無限ではあってもまだ離散的なモデルである。表4の縦と横をそれぞれ際限なく増やしていけばよい（表5）。

モナド	順序1	順序2	...	順序 n	...
1	$[a_1]$	$[a_2]$	...	$[a_n]$	...
2	$[b_1]$	$[b_2]$	...	$[b_n]$	...
.	...	...	...	...	...
.	...	...	...	...	...
m	$[m_1]$	$[m_2]$	...	$[m_n]$	...
.	...	...	...	...	...

表5　モナドの離散的な無限モデル

　表5の無限モデルでも、順序ごとの「世界状態」は、同順序の状態をすべてつないで問題なく得られる。したがって、「世界状態の継起」も順序通りに行われることになる。それぞれの世界状態は、共存する状態をつないだものだから、どこにも矛盾がない。したがっ

て、ここで「共存の秩序」すなわち空間の基盤が用意される。しかし、順序が異なる世界状態は、どれも互いに両立不能だから、ライプニッツの言う「両立できない可能性の秩序または順序」となって、現象界での時間の基盤となることが明らかだろう。したがって、この無限モデルは、離散的ではあるが、ライプニッツの時間論の「基盤」についての要件を相当程度まで満たしている。

　もちろん、このモデルにはまだ本質的な不備が一つ残っている。それは、「連続性の原理」を満たしていないということ。たとえば、表の状態 $[a_1]$ と $[a_2]$ を考えてみよう。実は、この間に別の状態が存在しなければならず、同じことは無限に続くので、無限個の状態が挟まってくる（46節参照）。そこで、モナドの状態は、自然数のような離散的な順序ではなく、連続体と同じ性質を持つ順序である。この要件はクラーク宛の第五書簡で示されていた。では、この条件の下で、同時性の基盤となるモナド間の「順序の一対一対応」（共存の秩序）はどのようにして保証されるのか？

54　無限の連続的モデル

　二つの線分の間、あるいは直線と曲線の間など、一次元の連続体の間の一対一対応は、大変に融通が利いて、実は簡単である。たとえば、図12の二つの直線間の対応を考えてみよう。われわれの問題は「時間の基盤」であり、「順序」の対応であるから、直線上にある点の「順序関係」を保存する一対一対応が求められる。

　図12で、下の短い線分上に連続的な順序を表す実数が並んでいるとしよう。この「順序関係」をまったく乱さずに上の長い線分上に「投影」するにはどうすればよいか。図で上下を橋渡しする線をいくつか書き込んだが、このような線が「決して交差しないように

```
O A B C D    E ‥‥

          o a b c ‥‥
```

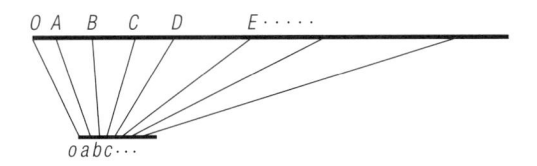

図12　連続体上、順序の一対一対応

引ける」対応であれば、どれでもよい。図の a と b など、任意の二つの順序をとっても、その間には順序の「空隙」はない。同様に、先の条件を満たして二つの順序に対応づけられた、上の A と B の間にも「空隙」はない。前節の離散的なモデルの場合に比べて、自由度ははるかに高い。したがって、状態遷移の「イメージ」は、連続的な場合描きにくいのであるが、状態遷移の「順序」を保つ対応づけは、離散的なモデルよりもはるかに易しい。かくして、ライプニッツが構想した、モナドの「状態遷移」から現象界の時間を構成することには、まったく問題はない。現象界の時間の量を決めること、すなわちメトリックを与えることにも、大きな自由度が残されている。

　第11章41節（図11）で、座標値とメトリックの関係を説明したが、そこで述べたことは、状態遷移の順序と時間のメトリックの関係にも当てはまる。状態遷移の順序は連続的だが、「連続体」相当の順序だからといって「量」を持つわけではない。モナド界に量はないのである。しかし、この順序が現象界の時間に変換される際には、順序のコード化によってメトリックが付与され、連続的かつ量的な時間となる。このコード化された変換は、もちろん、神による。動力学を研究することでモナド界の情報を得ようと努力する人間は、運動の法則を体系的に説明できる理論を構築することで、神のコードと、モナドのプログラムを解読しようと試みるわけである。その際、空間（幾何学）のメトリックと時間のメトリックとが絡み合うよ

うな理論(相対性理論)があることを、現代のわれわれは知っている。ライプニッツ自身がそのような理論を構想したかどうかはわからない。しかし、「運動を状況の変化」と定義した彼は、「数学の形而上学的基礎」で、時間のメトリックを、空間の長さに関係づけることで求めようとした。そして、本節では時間のメトリックに大きな自由度があることがわかったので、ライプニッツの動力学では、「空間と時間のメトリックが互いにつながる」という可能性が開かれていたということだけは(現段階で)わかる。

55 「コード化」に残される問題

本章の最後に、読者が引っかかっているかもしれない疑問について答えておきたい。おそらく何人かの読者は、「モナド界が無時間なら、これは静的な世界だから、モナドの『活動』という意味がわからない」と感じたのではなかろうか。この疑問は、おそらく、多くのライプニッツ学者にも共有されてきたのではなかろうか。時間的変化の中で生きているわれわれ人間には、「無時間世界での活動」は一種の「形容矛盾」だという印象がついて回る。

しかし、「無時間」は「静的」を意味しないし「無活動」も意味しないし、さらに「無変化」も意味しない。ライプニッツの解釈を試みる限り、彼が用いた「専門用語」は、できるだけ彼が意図したとおりに理解しなければならない。そして、なぜ、彼がわざわざ「動力学」の基礎づけに無時間なモナド界を想定したのかという理由を考えなければならない。そのために、ここで少し問いを変えてみよう。時間のある世界での自然現象、とくに運動を扱うのに、なぜ時間のない数学を用いるのか? 時間的な現象世界と無時間的な数学の世界を橋渡ししているという点では、同じ問題が含まれているはずであ

る。にもかかわらず、こちらを疑問視する人は、現代ではきわめて数少ない。考えてみれば不思議ではないか？　これも、ある種の偏見、あるいは先入見に基づくのではなかろうか？

　もちろん、「教科書的」な説明ならすぐに思いつく。数学は力学的現象を「表現する」ための道具である。微分方程式で運動の瞬間的な「変化」を表現できれば、積分して方程式を解くことによって、運動の全体がわかる、云々。しかし、この答えのなかで、カギ括弧内の言葉は、ライプニッツの『モナドロジー』で出てきた言葉と同じである。「表現」とは、この文脈では、「コードによる対応づけ」だから、ライプニッツの言っていることと大差がない。ただ、対応づけの「方向」が『モナドロジー』とは逆になっているだけである（現象世界から無時間の数学へ）。

　同型あるいは部分的同型による「表現」なら、どちら向きに使ってもかまわないはずである。そうすると、無時間数学で運動を表現し、「説明」できるというのなら、無時間のモナド界が時間的現象で表現され、その現象や法則の説明に、無時間のモナド界の情報が持ち出されてもよさそうなものではないか。

　こんな「禅問答」みたいな論議を続けるのは無益なので、「ライプニッツの解釈」という大前提のもとで、わたしは次のような判断を示しておきたい。

　「無時間世界でのモナドの活動」という表現に違和感を覚える人は、「活動」の代わりに「状態遷移、状態変化」と置き換えればよい。ライプニッツが言いたいのは、現象界のいかなる運動、いかなる心的活動も、その基盤はモナドの状態遷移にあるということである。運動や活動が時間を前提しても、それらの「基盤」が時間的である必要はない。しかし、「活動」の源泉は、モナド界での「基盤」に加えて、神による「コーディング」にもあることを忘れてはならない。ライプニッツの形而上学に「不備」があるとするなら、それは、おそらく、この重要な役割を担う「コーディング」の問題を彼がほとんど論じ

なかったことであろう。「空間」、「時間」、および「運動」には、すべて「コーディング」が介在し、モナド界になかったものが現象に加わるのは、まさにこれによる。

第 15 章

現象の時間

56　時間の長さ

　モナド界における時間の基盤と現象界の時間の関係について、前章までで大筋は描いた。残るのは、現象界での時間の長さ、メトリックについて、ライプニッツがどの程度まで具体的な議論に立ち入ったか、という問題である。時間の成り立ちの大筋がわかったからといって、動力学を構成する場合に、時間をどう扱えばよいかという方針はまだ見えてない。というのも、動力学を構成するのはわれわれ**人間**の課題であり、神が設定したはずのコードは、まだわかってないからである。そこで、「数学の形而上学的基礎」での取り扱いにさらに立ち入ってみよう。まず、時間の長さの話が始まる。

(1)　**持続とは時間の大きさである**。時間の大きさが一様に、かつ連続的に減少すると、時間は**瞬間**へと消失し、大きさはゼロとなる。(**Loemker** 666)

　この引用で言われた、あるものが「一様に、かつ連続的に減少するとどうなるか」を表現するために、ライプニッツは「ホモゴニー

homogony」という概念を提唱する。これは、「連続性の原理」を一般化して、**質的に異なるものをつなごうとする**、彼独自の概念である。この概念は、実はライプニッツの「状況分析」で空間を論じた際に導入されたのだが、ここで時間の問題と一緒にして扱うために、話題にするのを先延ばしにしてきた。空間を(抽象的に)定義するとき、「場所」は関係の担い手たる「点」と見なされた。空間や幾何学的図形は「外延、広がり」という量を持つが、その外延を「一様に、かつ連続的に減少させる」と「外延を持たない点」へと消えていく。空間は外延を持つが、点は外延を持たない、つまり両者は「異質」である。それにもかかわらず、両者は「連続的につながって」おり、空間の定義には「点」が使われた。そこで、ライプニッツの次の言い分が出てくる。

(2) 時間と瞬間、空間と点、境界と境界づけられたもの、これらは同質ではないにもかかわらず、一方が他方へと連続的変化の過程によって消失するのでホモゴニーの関係でつながれている。(**Loemker 668**)

この概念が、空間と時間とをつなぐためのライプニッツの一つの工夫であり、空間と時間とのアナロジーが拡張されていくのである。

(3) **時間は無限に至るまで続くことができる**。時間の一つの全体をとると、それはその一部分と相似であるから、その全体がその一部と関係するのと同じように、時間の別の［より大きな］全体とも関係するからである。かくして、時間の一つの全体は常により大きな全体へと続くと理解されなければならない。［原文改行］同様に、**隙間のない空間、すなわち充満の大きさも無限に拡張可能である**。なぜなら、それらのどの部分も全体と相似だと理解できるからである。(**Loemker**

669)

　ライプニッツは空間と時間を同じように扱っていることが明らかである。空間と場所（点）、時間と瞬間（時間の点）は、まったく同じ構造で関係している。デ・リージが「空間は場所から**構築**される」（43節）と言ったように、「時間も瞬間から構築される」が、瞬間と時間とは「異質」でホモゴニーの関係でつながるにすぎない。

　そうすると、時間のメトリックは、空間のメトリックと同じように得られるはずである。図形、とくに線分の「合同」という関係を基本として、適当に選んだ「単位の長さ」（基準物差し）を繰り返し適用する（各々の適用はすべて合同）、という操作が基本である。同時存在する二点間の「距離」は、この操作を繰り返した数を合算すればよい。簡単に言えば、これで空間のメトリックが（人間にも）決められる。時間の場合はどうするか。持続の「合同」を導入し、その基準を「物差し」のように決めることができればよい。もちろん、時間の場合は「物差し」ではなく「時計」の役割となる。問題は、「状況分析」が（そのままでは）時間には適用できないことにある。そこで、ライプニッツがこの難点をどのように克服しようとしたか、それを読み解いてみよう。

57　運動の軌跡

「数学の形而上学的基礎」で展開されたライプニッツのシナリオは、わたしが読んだ限りでは、次の通りである。「運動はそもそも存在しない」とまで言ったライプニッツは、時間も運動も空間とまったく同じには扱えない。しかし、第13章と第14章で、わたしはモナドの状態遷移の順序が時間の基盤であることを明らかにした。これ

が、ライプニッツのシナリオを読み解く際の前提となる。そして、モナドの領域にまで遡れば、「すべてはつながっている」のである。そうすると、時間と空間とは起源が違うが、両者を関係づけることは可能なはずである。その関係のカギとなるのは「運動」(状況の変化には、空間と時間が共に含まれる)であろう。わたしの読みでは、運動の全体は同時存在ではありえないが、「運動の軌跡」は空間内で同時存在できる。言い換えれば、運動は「空間的に表現可能」である。そうすると、運動にかかった時間も「空間的に表現されている」はずなのである。したがって、その「空間的表現」に即して時間のメトリックを決める、つまり、空間のメトリックで時間のメトリックを表現する、という道が見えてくる。以下、この線でライプニッツのテキストの裏づけをとる作業となる。

「ホモゴニー」の関係を定義した後、ライプニッツは「動くもの」、とくに「動く点」が空間や外延とホモゴニーの関係でつながることを指摘する。以下では、話をわかりやすくするため、この「動く点」(もちろん、抽象ではあるが)に的を絞って解説を続ける。さて、ライプニッツは運動の「経路」を次のように定義する。

> 動くものの連続的かつ継起する場所は**経路**[path、ラテン語はvia]である。(**Loemker** 668)

とくに、動く点の経路は線(曲線または直線)となることが明らかである。現代の物理学では、この「経路」は「運動の軌跡」と呼ばれるのが普通であるから、以下でも「軌跡」と「経路」は同義であると見なして区別なく使ってよい。この何気ない(ホモゴニーを介した)定義によって、ライプニッツは運動を空間的に表現する道を開いたのである。そして、この経路または軌跡には、「状況分析」が適用できることになる。かくして、デ・リージが探し求めていた「ミッシング・リンク」は、ライプニッツによってすでに与えられていたの

である。さらに、運動に要した時間も、何らかの形で軌跡に表現されているはずである。この点を示す好例として、ガリレオの「投射体の運動」という古典的な図を示しておこう。

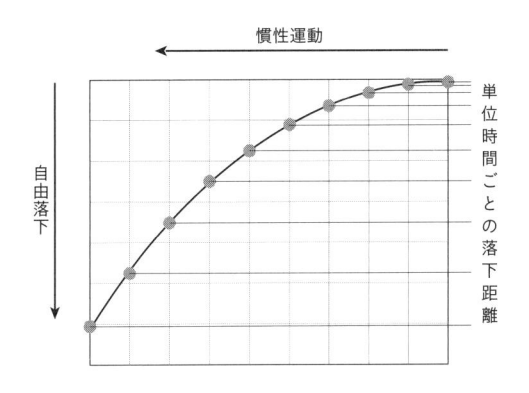

図13　投射体の運動

　図13を使って、ライプニッツが（おそらく）時間について言いたかったことを明快に解説できる。この文脈では、「慣性の法則」を前提し、図の水平方向の慣性運動は「直線上の等速運動」だと見なす。そうすると、この慣性運動の軌跡は（ガリレオは摩擦の少ない水平面上で小さな玉を転がした）、図の上部に示したように直線となり、その一部を適当な大きさで切り取れば（図では正方形のマス目の一辺）、これが長さの基準となり、どの「マス目」も合同である。つまり、これを基準として縦にも横にも「長さ」を測れる。同時に、慣性の法則の前提により、このマス目は「空間的な長さ」で表現された時間の「持続の長さ」を測る基準にも転用できる。

　さて、ガリレオの実験で、彼は自由落下に転じた玉の落下運動について、単位時間ごとの落下距離の比率に着目した。最初の単位時

間での落下距離を1とすれば、以後、単位時間の経過ごとに、距離の増加分は

$$1、3、5、7、9、\cdots$$

という奇数列となる。つまり、時間の経過の最初から積算していくと、4、9、16、…という「2乗」の系列になる（距離は時間の2乗に比例して増加する）ということである。

　以上をライプニッツ流に言い換えて利用すると、投射体の運動の「軌跡」から、慣性運動と落下運動とを比較して、落下運動の速度変化が測れるということ、つまり、速度の変化を「距離」で測れるということになる。もちろん、一つの慣性運動で別の慣性運動の速度も、また微小運動の速度も測れる（絶対値は不要で、相対的な比率さえわかればよい）ので、つまるところ、「速度も時間も距離で測れる」ことになる。かくして、時間的持続の「合同」を「運動の軌跡」という空間的存在を介して定義し、時間のメトリックを導入するというライプニッツのシナリオは、わたしの解釈では、うまくいきそうなのである（問題点については、59節でふれる）。

58　同時性は継続的知覚でもわかる

　前節の議論では、運動の「軌跡」が空間的存在、つまり「同時的存在」であることを当然のように仮定した。しかし、ライプニッツ自身は、この点について「念押し」の議論を追加している。テキストをしばらく読み進むと、「状況」がより単純な関係から構成されることが再確認され、複合的な状況がどのようにして「同時存在」だと言えるのか、その理由が述べられる。

しかし、われわれは、すべて一緒に知覚するものだけでなく、継続的に知覚するものも同時存在していることを認識する。そのために必要な条件は、ただ、一つのものの知覚から他のものの知覚へ移るとき、最初の知覚が消失せずに後の知覚が生じるということである。その条件から、いま後の知覚を得たときに、二つのものが共存していることが言え、このこと［共存］から、最初の知覚を得たときに二つのものが共存していたことが言える。(**Loemker** 671、最後の文はラテン語原文に戻って改訳。)

これはきわめて重要な箇所である（「第2部への注記」でラテン語テキストも示しておく）。ここで言われている「知覚」とは、もちろん、現象界でのわれわれ人間（やその他の生き物）の知覚であり、「モナドの知覚」ではない（モナドの知覚、状態には時間がないことに注意）。ライプニッツは、言うまでもなく、現象界での時間を空間、同時存在と関係づけようとしている。そして、動くものの「軌跡」を「同時存在」であると言うための条件も含めた理由づけをしている最中なのである。もちろん、運動が進行するにつれ、「前の場所は消失するではないか」と反論されるかもしれないが、印をつける、何らかの記録をとる、という手段で「運動体が過去に占めた場所」の情報は現在まで持ち越すことができる。たとえば、単純な例として、黒板上にチョークで曲線を引いたとしよう。このチョークの先端の運動は、「黒板上の曲線」という軌跡を立派に残している。運動そのものは「存在しない」とライプニッツは言うが、「運動の軌跡」は空間中に**同時存在**しうる。これが引用文からの帰結だとわたしは理解する。

もっと科学的な「運動の測定」も、多くは「離散的なデータ」になるかもしれないが、同じ役割を担う。たとえば、ガリレオの「落体」「斜面運動」「投射体の運動」などの研究は、すべて、（図13の点のように）離散的ではあってもそういった記録を克明にとって「軌跡」を

追跡したからできたことである。

59　二点間の距離、最短か直線か？

「数学の形而上学的基礎」におけるライプニッツの議論、このあと微妙な問題に立ち入ってくる。それは、二点間の「距離」をどう定義するかという問題である。これは、もちろん、空間のメトリックに関わる話であるが、「状況分析」では、ユークリッド幾何学だけが許容されるわけではないので「微妙な問題」が生じる。空間中の任意の二点の間には、一方から他方に移る無限に多くの「経路」がありうる。慣性運動は、そのうちの一つで、古典力学では「直線運動」である。そこで、二点間の「距離」とは「二点を結ぶ直線の長さ」である。しかし、ライプニッツは「直線」を定義するのに四苦八苦する。彼が言うには、無限に多くの経路のうちで、二点の間を結ぶのに「最も単純な経路」がなければならず、それは「最短」でなければならない。そして、その「最短の経路」が「距離」である、と言う。

他方、彼は、その最短の経路が「直線」だとも言いたいのである。現代のわれわれの後知恵からすれば、「最短経路」と「直線」とは異なる概念で、両者が一致するのはユークリッド幾何学においてのみである。「曲面上の二点間の最短距離」を求める問題にも手をつけていたライプニッツ (De Risi 2007, 236, 592-595 参照) にあってさえ、「最短経路＝直線」という偏見を打破するのがいかに難しかったかがわかる。ただ、わたし自身の推測では、原因は「偏見」だけではなく、おそらく「慣性運動」と「距離」と「直線」とをすべて橋渡しできるという考えがライプニッツにあったのではなかろうか。この推測の根拠は、第1部23節で指摘した「努力はすべて直線上で働く」という彼の主張である。この「努力」を妨げるものが何もなければ、運動

は直線運動となるはずである。これが「物体が本性として持つ傾向」なら、慣性の法則を基礎づける道があると、ライプニッツは考えたのかもしれない。

これまで追跡してきたライプニッツの議論の流れで、このような橋渡しがもしできたとしたなら、大きな収穫となったはずであろう。この問題は、第3部で再論したい。いずれにせよ、ライプニッツが**目指していた目標**は、「現実世界の空間はユークリッド空間で、慣性の法則が成り立ち、それに基づいて時間のメトリックも、慣性運動と他の運動の軌跡を比較することで得られる」という結果であったことは、ほぼ間違いなさそうである。

しかし、実際は、「直線」の定義も、「慣性の法則」の基礎づけも不十分なままに残された。とくに、「慣性運動が等速運動である」という仮定が残ったままでは、時間のメトリックを空間のメトリックから導くという試みも、「論点先取」あるいは「循環論法」の批判を受ける。なぜなら、慣性の法則が「等速運動」を前提するのなら、そのうちに「速度」および「時間」の概念が含まれるので、それを介した時間メトリックの導出は、結局時間概念に依存するからである。この問題には、第3部でもう一度立ち返るが、ライプニッツを公平に見るために、次のことだけは述べておかなければならない。ガリレオから19世紀後半のマッハ（Ernst Mach, 1838-1916）に至るまで、慣性の法則の「基礎づけ」の問題はほとんど論じられなかった。たとえば、ニュートンは絶対空間（ユークリッド空間）と絶対時間を天下りで前提しただけで、慣性の法則の基礎づけの問題を回避したにすぎない。運動の相対性を主張したホイヘンスとライプニッツも、この「相対性」と慣性の法則との相性の悪さに十分気づいていなかったのであろう。とくに、動力学を基礎づけるはずの形而上学を用意したライプニッツでさえ、そこに考えが及ばなかったのは残念なことであった。ただし、この欠点が残るとしても、ライプニッツの動力学の射程の広さと柔軟性には、まだまだ見るべきものが多い。

第 16 章

運動の相対性と同時性

60 「アイデアの冒険」

　前章までの成果を簡潔にまとめておこう。慣性の法則を前提するという条件つきではあるが、ライプニッツは、現象世界の時間のメトリックを求めるシナリオを用意していた。しかし、慣性の法則自体の基礎づけの問題は残されたままとなった。さて、普通の哲学史家なら、これで議論は終わって次の話題に移るところだろうが、科学哲学を研究するわたしには、まだ同じ話題の続きがある。二十世紀の初頭、アインシュタインが特殊相対性理論を発表した頃のことを想起してみよう。この理論は、「慣性系」という、古典力学が成り立つ系を出発点とし、互いに相対的な慣性運動を行う系相互の間での「情報伝達」の担い手としての「光」の役割に着目した。それが、「光速度一定の原理」であり、「どの慣性系においても光速は同一である」と述べる。もう一つは「相対性原理」であり、「どの慣性系でも同じ自然法則が成り立つ」と述べる。これら二つの原理から、この理論での時空構造が決まることは、すでに時空論の常識である。空間はユークリッド空間であるが、光速度一定の原理によって空間と時間の相互依存が生まれるので、時間と空間を統合して考えたと

きの「時空のメトリック」はローレンツ・メトリックとなって、相対運動によって、「同時性の相対性」が生まれ、空間的距離や時間的間隔の伸縮が生じることになる。

このような話を入れた理由は、これまでに解釈した限りでのライプニッツの動力学に追加する仮定次第では、同じような結果が得られることを言いたいからである。つまり、「慣性の法則」が仮定されていても、ニュートン力学と違って、ライプニッツの動力学は相対性理論を許容できる仕掛けになっていた。もちろん、これは「哲学史」ではない。ライプニッツ動力学の「潜在的威力」と「射程の広さ」を探ってみるという「知的冒険」の試みである。この発想の根拠を述べてみよう。

ライプニッツは慣性の法則を認め、運動の相対性も強力に主張するので、欠けているのは「光速度一定の原理」に相当するものだけである。しかし、わたしの情報論的解釈によれば、モナド界の活動が現象に変換されるときには、「コード化」が不可欠であった。しかも、時間のメトリックは空間のメトリックに依存して得られたのである。ここに「時空の相互依存」のタネがある。しかも、現象世界では、「同時性の認識」には「継続的知覚」という一種の「情報活動」が必要とされる。モナド界では「不変構造」の一部として決まっている状態遷移の順序（同時性と時間の基盤）は、現象界では知覚できるにしても「継続的知覚」つまり「時間を要する知覚」を必要とする。すでに58節で引用したライプニッツの主張を再現し、現在の文脈で注意深く読み直してみれば、その意義が見えてくる。

> しかし、われわれは、すべて一緒に知覚するものだけでなく、継続的に知覚するものも同時存在していることを認識する。そのために必要な条件は、ただ、一つのものの知覚から他のものの知覚へ移るとき、最初の知覚が消失せずに後の知覚が生じるということである。その条件から、いま後の知覚を得たときに、

二つのものが共存していることが言え、このこと［共存］から、最初の知覚を得たときに二つのものが共存していたことが言える。(58節でのただし書きも参照。)

　同時存在の認識には、「現在共存している」ことを「過去に共存していた」ことと結合する「推論」が入ってくる。それゆえ、この引用文は「重要な箇所である」と強調したのである。しかも、この引用文では連続的な軌跡について語られているのだが、二つの**離れた場所**（軌跡でつながっていない）で生じる出来事については、介入する「推論」がもっと複雑になるかもしれない。事実、アインシュタインが同時性とその「相対性」を論じたのは、そういうケースだった。参考のため、アインシュタインが提唱した「光信号による同時性の定義」を示しておこう。この定義の前提となるのは、光速は「慣性運動する観測者の速度に依存せず一定である」という原理である。

光信号の往復で同時性を決める。
信号の往復時間の半分で信号は反射点に達する。

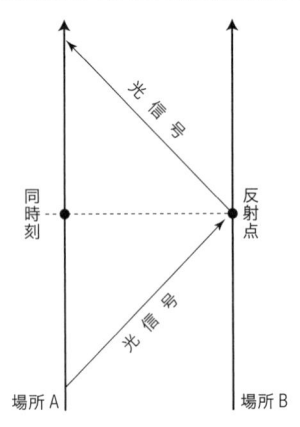

図14　アインシュタインによる同時性の定義

図14で、場所AからBまでの間を往復する光信号は、往路でも復路でも「速度は同じである」と**規約**で決めておく、とアインシュタインは言う。そうでないと、「速度」という時間に依存する概念を前提して「同時性」を定義するという循環論法に陥る、と彼が考えたからである（この点、詳しい議論は、内井2005、9節、10節を参照されたい）。この「規約」、ライプニッツの「状況分析」に照らすと、「時間の合同」を設定するものと解釈できる。すなわち、往路と復路は「合同」で、この取り決めの段階ではメトリック（速度）はまだ任意である。そして、「光速」に「経験的に知られていた値」を与えて初めて、メトリックの基礎となる。

　以上の問題は、ライプニッツの主張をあげつらうために述べたものではない。むしろ、彼の動力学にはそれに対処できるだけの道具立てがそろっていたことを指摘するための伏線にほかならない。これからわたしが試みる「知的冒険」では、ライプニッツの動力学で「古典的時間」を再構成できるだけでなく、特殊相対性理論の時間と空間（時空）も可能であったことを示したい。

61　古典的時間

　まず、古典力学で前提されたような時間がライプニッツでも再構成できることは、容易に想像がつく。それゆえ、これは「知的冒険」とは言えないではないか、とクレームがつくかもしれない。しかし、このクレームにも「古典的偏見」が入っている。「天下りで一様な時間を導入する」ことと、「形而上学の基盤から出発して現象界の古典的時間を生み出す」ことの間には、天と地ほどの違いがある。ライプニッツが念頭に置いていたのは、後の方の作業に決まっている。

それゆえ、彼にとっても、わたしにとっても、これは「知的冒険」である。

　モナド界では状態遷移の順序が無時間的にしかも一義的に決まっており、それが「時間の基盤」である。しかし、それが現象界の時間として現れるためには、順序にメトリックが付与され、(古典的には)世界のどこでもいつでも(普遍的に)適用できる量的な順序に変換されなければならない。これが神による「コーディング」の役割である。しかも、現象界の出来事や過程を認識する人間にとっては、「コーディング」された現象から「元の順序」を復元しなければならないのである。そこで、人間の側から見ると、「コード解読」は、現象界での経験に照らし合わせた理論構築となって、時間も例外ではない。

　モナド界での時間の基盤をこれまで見たきたような形で解明したライプニッツが、まず真っ先に試すのは、ニュートン流の古典的時間であろう。ニュートンとは違って、ライプニッツは「同時性」から始めるはずである(本書第13章参照)。そして、最も単純な「コード」解釈を試してみるなら、モナド界の「世界状態」に対応する同時性が現象界でも成り立っている、つまり、現象界のすべての物体の運動は「古典的な同時性」を維持しつつ進行する、という仮説に行き当たる。「古典的な同時性」とは、現象界での情報伝達が瞬時に世界全体に及ぶという仮定と同等である。この仮定は、モナド界の世界状態の順序を維持するので、形而上学と矛盾しない。

　この仮定のもとでは、時間のメトリックも簡単であり、ニュートン流の、世界の事物から影響を受けないかのごとく「一様に流れる」時間が再現される。なぜなら、空間のメトリックから時間のメトリックを導こうというライプニッツのシナリオで、「慣性運動」に「時計」の役割をさせるなら、一様な直線運動は、直ちに一様な時間メトリックと結びつくからである。何度も言うように、これは「天下り」で仮定したからではなく、形而上学的基盤とコード解読の最も

単純な仮説から導かれた結果である。したがって、ニュートンの路線とは、仮に「同じ帰結」をもたらすとしても、「絶対時間」と「絶対空間」の仮定を退けている点で異なっている。それだけでなく、「時間の不可逆性」ももたらされることに注意すべきである。なぜなら、モナド界の進行、すなわち状態変化の順序が不可逆だからである。ニュートン力学では「時間の対称性」(つまり時間の向きが一方向でも逆方向でも同じ法則が成り立つ)があるので、ライプニッツ流の古典力学ではこの点でも違いが出る。つまり、ライプニッツの動力学で仮にニュートン力学が完全に再現できたとしても、法則の「時間対称性」は成り立つが、**同時に**「時間の不可逆性」も成り立つ。熱力学がかんできたときに、この点が重要になるはずだが、ここではこれ以上論じない。

なお、誤解が生じるかもしれないので補足しておくが、前章からの議論では「慣性の法則」が前提され、慣性系の話をしているので、ライプニッツの時空論に対して頻繁に持ち出される「ニュートンのバケツ」の議論(第3部で詳しく論じる)は、ここまでの解釈に対する障害とはならない。この議論は、簡潔にまとめるなら、回転運動によって遠心力が発生することをもって、ライプニッツの「運動の相対性」の主張が論破されるというもの。しかし、遠心力の発生は、「回転」だけでなく「慣性の法則」にも依存する(詳しくは、第3部参照)ので、慣性系に限定している現在の文脈では、反論として的外れとなる。

62　相対論的時間

ライプニッツは、運動の相対性を強力に主張したが、もちろん、相対性理論は知らなかった。しかし、「特殊相対論」を展開できる道

具立ては、彼の形而上学と動力学にすでに備わっていた。その理由は、端的に言えば、形而上学的基盤をまったく変えることなく、「コード解読」のための仮説を変えることができるからである。

前節の「古典的時間」(空間はユークリッド空間)で、少なくともニュートン力学とはほぼ同等の成果が出せるのに、なぜコード解読の仮説を変える必要があるのか？ ライプニッツには動機がいくつかありうる。一つの動機は、回転運動と遠心力の問題である。慣性の法則を前提すると、この問題でニュートンとの違いは小さくなるが、「回転運動の相対性」の主張が根拠薄弱になる。そうすると、改訂の一つの可能性は、コード解読の仮説を改訂してみることだろう。もちろん、最終的には「慣性の法則」自体の再考が必要になり、空間と時間のメトリックの大改訂に至るかもしれない。

もう一つの動機は、現象界での「同時性」について、モナド界では生じなかった問題があることにライプニッツが気づいたときに生じる。その問題とは、60節ですでに示唆した。人間のように有限な能力しかない存在者(アニマ)には、同時性の認識に「時間を要する継続的な知覚」と「推論」とが必要となる。離れた二つの場所が運動の「軌跡」で結ばれてない場合、同時性の認識はどうすればよいのか。アインシュタインが後に取り上げた問題である。

さらに別の動機は、現象界での「情報の伝達過程」をよく考えてみたときに生じうる。ライプニッツが考える空間は(仮にユークリッド的だとしても)、空隙のない、無数の物体が境界を接しながら運動する「細胞空間」である(34、35節)。一つの物体内部では、それを組織化するアニマのプログラムによって、情報伝達はスムーズにいくかもしれない。しかし、そのアニマのコントロールが及ばない他の物体からの情報伝達は、多数の物体の「境界を通じた通信」により、多数の段階を経て行われる。別の言い方をすれば、ライプニッツの機械論哲学(現象世界については、ライプニッツはそれを信奉する)によれば、情報伝達は物体の運動と衝突という力学現象を通じて行わ

れるはずである。ライプニッツが考える物質の相互作用は「弾性衝突」に還元されたことを想起されたい。とすると、離れた場所の間での通信、および「知覚」には**時間がかかる**。したがって、アインシュタインの場合と同様に、「現象界での同時性」の定義には注意が必要となる。この同時性が「モナド界の世界状態」のコード化だとしても、現象界の過程を考慮した上でのコード化でなければならないから、人間の側での「解読」にも、それなりに追加すべき考察が増えてくる。

いずれにせよ、この問題はライプニッツのテキストに遡ってどうこうする問題ではなく、わたし自身の「知的冒険」として持ち出した問題なので、次のような「フィクション」を介して考察を進めてみよう。ライプニッツ晩年の1715年、ある日の明け方、彼は「デモン」のお告げを聞いた夢を見た。「お告げ」によれば、未来の物理学者アインシュタインが1905年に「同時性の相対性」を示す論文を発表する、というのである（デモンは未来のことも見通せる）。しかも、同時性を定義するのに「光」を使い、「光速度一定の原理」という、どの慣性系でも成り立ち、しかも情報伝達速度の上限までも設定する原理を提唱するという。そこで目覚めたライプニッツは、しばらく熟考した後、時空論の改訂に着手した。「光は確かに最短距離をとって伝播する。レーマーという天文学者による光速の測定のことは知っていたし、師のホイヘンスが光速を有限だと見なしたことも知っていた。しかし、これが情報伝達の上限速度だという可能性には気づかなかった。もしそれが成り立つなら、わたしの時空論はどう変わるか？　とりあえず、慣性系で考えてみよう。」

光の伝達を担う物質は「エーテル」になるだろうが、いま詳細は省略して差し支えない。肝心なのは、相対運動するどの慣性系から見ても、光速は同じだということ。これは、ライプニッツの「形而上学プラス動力学」でも可能である。なぜなら、時間と空間のメトリック、いや先読みして「時空のメトリック」は、モナド界の同一基

盤をコード化して現象界に移す際に大きな自由度があるので、特殊相対論の「ローレンツ・メトリック」（図11参照）が現象界の時空に与えられるようにコードを設定すればよいだけの話である。これによって、相対運動する二人の観察者の間では、どの出来事が同時かについて違いが生じるという「同時性の相対性」が生まれることになる。これを解説するには、時間を表す座標軸を、その時間 t で光が（光速を c とする）到達する距離 ct で表現するという、まさに「ライプニッツ的手法」（運動を「軌跡」で表現し、時間を「空間的距離」で表現する）を使う「ミンコフスキ空間」を使うのが最善で、最もわかりやすい。

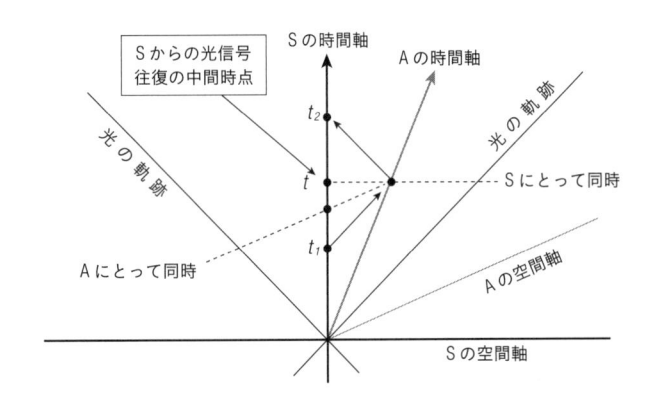

図15　同時性の相対性

すでに図14で解説した、アインシュタインの同時性の定義を、互いに慣性運動を行う観測者SとA、二つの系に適用したのが図15である。ミンコフスキ空間を表す座標系は、どちらの観測者を基準にして描いてもかまわないが、図ではSから見た直交座標を示している。このとき、Aの運動（慣性運動）は、図で「Aの時間軸」と書い

た直線で表せる。そこで、二人の間で「同時性」を決めるために、Sが時刻 t_1 に発射した光信号は、Aの場所で反射して時刻 t_2 にSの場所に帰ってくるとしよう。そこで、その往復時間を折半して決まる時刻 t が、「Sから見て信号がAで反射した時刻と同時」である。ところが、運動しているAの(同様な)座標系は、「Sから見ると図のように傾いている」が、光速度一定の原理により、光信号の経路は図で「光の軌跡」と書いた線の角度をとる(もちろん、Aから見れば、自分の座標系は直交座標系である)。そこで注意していただきたいのは、Aにとっての「同時性」がどうなるかという問題である。

実は、この問題にはすでに図の中で答えが示されている。Aの空間軸は、図の「光の軌跡」を中心にして、Aの時間軸を反転させた所に来る(これも、光速度一定の原理から)。で、ライプニッツの場合と同様、「空間とは同時存在の秩序」であるから、時間の経過と共に空間軸が「平行移動」したものが「同時性の面」となる。そこで、光がAの時間軸に届いたとき、その時刻と(Aにとって)同時になるSの場所での出来事は、図のように t よりも下に来る。つまり、Aにとっての同時性は、Sにとっての同時性と異なる。これが「同時性の相対性」にほかならない。以上の推論は、Aの直交座標系に移して繰り返してみてもまったく変わりがない、論理的に厳密な推論である。そして、これが相対論的時間が古典的時間と決定的に異なる特徴である。

なお、以上の解説で、「Sから見た」とか「Aにとっての」という表現が出てきたが、これはライプニッツの言う「現象」と類比的である。ミンコフスキ空間で表現されている「時空」の全体は同じままなのに、観測者の運動状態によって、「同じものが違って見える」。このように、相対論はライプニッツの哲学ときわめて相性が良さそうなのである。

63　ライプニッツによる再現

　相対論的時間のこの特徴、ライプニッツは最初驚愕するかもしれないが、数時間ほど考えた後に、自分の時間論でも対応できることに気づくはずである。光速度一定の原理さえ認めたなら、ライプニッツは自分の形而上学には一切の変更を加えることなく、動力学をアインシュタインの特殊相対論相当に直ちに改訂できる(電磁気学はまだ知られていないので、動力学部分だけであるが)。以下、ライプニッツの言い分である(ただし、わたしの解釈による翻訳)。

　そうか、見る者の運動状態によって「力学現象の見え方」が違ってくるのだ。したがって、同じ実体活動の現象界での現れ方は、そこまで考慮に入れて扱わなければならん。しかし、神から見た時空全体、現象界全体には、「光速度一定」という条件が加わる以外、何も変化はない。「見え方の違い」は、光を伝えるエーテルの(われわれ人間による)プログラム解読の仮説を変えるだけで対応できる。現象界の出来事、確かにSとAとでは時間が違ってくる。Aにとって反射の時点はSにとってのtの時点より先に来る。しかし、Sの時間の順序、Aの時間の順序はそれによってまったく乱されない。その理由は(図15の)時空全体の秩序が同じままだからだ。モナド界の不変情報は現象界の**時空**に(同型対応で)反映されるし、個々の出来事が占める「時空点」も変わらない。わたしの動力学で変更を要するのは、「運動状態に応じた同時性の相対性」および、それからの帰結だけではないか。その変更は、個々に対応せずとも、現象界へのコーディングで、時空をまとめてローレンツ・メトリックとすれば、すべて出てくる。

64 「ライプニッツのデモン」はどうなるか？

　前節でのライプニッツの言い分に対して、鋭い読者は「ライプニッツのデモン」を持ち出して反論するかもしれない。「ライプニッツのデモン」は、現象世界で現在のひとつの物体の状態から、現在、過去、および未来の世界の状態まで予測できると言われた。「これは、相対論的時空のメトリックのもとでは不可能になるではないか！」というわけである。これに対するライプニッツの返答も、わたしが情報論的解釈により仲介して、翻訳しておく。彼の答えの「核心」となるのは、やはり、モナドの活動を現象界に移す際の「コーディング」に残されている自由度である。

　うむ、すばらしい反論だね。しかし、わたしはモナドにグレードの違いがあり、君たち人間を構成するモナド、とくにアニマとなって心身を統括するものと、天使のようなもっと高等な存在者のエンテレキーとなるモナド、あるいは、石ころや鈍い知覚しか持たないようなモナドなどの違いがあることを述べておいた。わたしが言った「デモン」は、もちろん、高等なモナドからできているので、それを統括するエンテレキーに見えている現象界は、君たちに見えているものとは違い、コード化が違うはずだ。モナド界の基盤はまったく同じでも、コード化が変われば時空のメトリックも変わって当然だろうが。だから、天使に見える現象界では、光速の上限が限りなく無限に近づき、古典的時間とほぼ同じになっても不思議はないのだよ。二十世紀の終わり近くになって「光速可変理論」が出現したとデモンからお告げがあったが、わたしはモナドのグレードに応じた「光速可変」の扱いができる。そのツボは、本書の著者に描いてもらった

図を参照してくれたまえ。

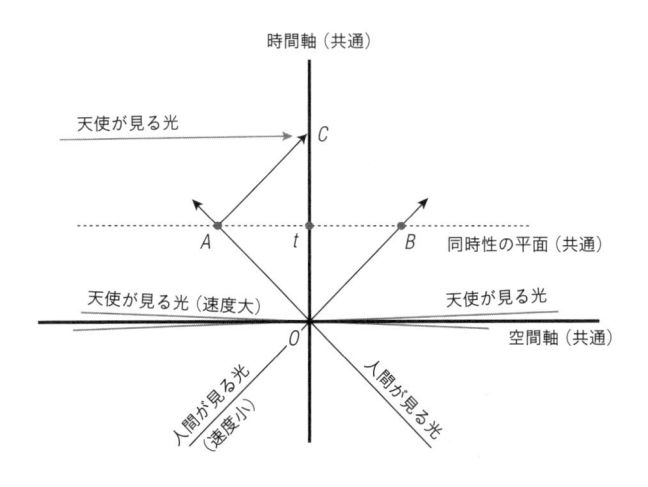

図16　天使と人間の二重メトリック

　では、図16を説明しよう。再びミンコフスキ空間であるが、この図には天使に見える力学現象と人間に見える力学現象、それぞれのメトリックが二つ書き込まれている（最近の物理学での「光速可変理論」については、Magueijo 2003、モファット 2009を参照されたい）。天使と人間は同じ場所にいるので、時空の座標軸は共有する。しかし、メトリックが、いずれもローレンツ・メトリックであるにしても、光速が異なり、天使にとって光速ははるかに大きい（無限大に近い）。ということは、同じ時間間隔内で、天使に把握できる情報量ははるかに大きく、ほとんど現象界全体にわたる。たとえば、人間にとっては、座標の原点Oから発射された光線は時間tにはABの内側にしか届かない。しかし、天使にとっては（光速が大なので）はるかに広い範囲まで届く。同様に、Cの地点で、人間が時間tに生じた出来事について収集できる情報はABの内側のみにしかない。これに

対し、天使ははるかに広い、ほとんど無限に近い領域から情報を集められる（事実、古典的時間が成り立つ世界では、無限の世界の情報が瞬時に得られるはずである）。「ほとんど」というアイマイな表現を使ったのは、天使の中にもグレードがありうるので、極限に至るかどうかはわからないからにすぎない。

　これが何を意味するかというと、天使は現象を生み出すモナド界の「世界状態」を、**コードさえわかれば**ほぼ知ることができるのに対し、人間にはその世界状態を知るための情報さえ届かないということである。そして、(1) この天使が現象世界を支配する法則を（ラプラスのデモンと同様に）知り、かつ (2) 現象界を生み出した神の「コーディング」も解読できたなら、この天使は「ライプニッツのデモン」に相当する。まず現象界全体の「現在の状態」がわかるとせよ。この情報と (2) の条件から、モナド界の対応する「世界状態」がわかる。さらに、(1) と (2) の条件から、世界状態の遷移関数、つまり、すべてのモナドの遷移関数も解読できるはずである。現象界の力学法則が「すべて」わかれば、モナド界との部分的同型対応がすべてわかって「同型対応」が完成し、モナド界の遷移関数がわかるはずである。そこで、この天使はデモンになれる。つまり、現象世界が特殊相対論の世界であっても、今述べた条件がそろうならライプニッツのデモンは論理的に可能である。

65　質量とエネルギー

　ここまでの「冒険」の結果、ライプニッツが構想した動力学には、特殊相対性理論まで拡張可能な潜在力があったと結論できる。もちろん、この「潜在力」は形而上学あってのことである。そうすると、わたしの「冒険」はもう少し延長できる。第1部18節でライプニッ

ッツの活力の分類を論じた際、彼の動力学には物体の「内部エネルギー」が認められていることを指摘した。前節までで、ライプニッツにおける「可能な相対性理論」を提示したので、ようやくこの「内部エネルギー」(部分活力の一部)の解釈に決着をつけることができる。

彼の活力の分類については、18節の表3でまとめておいたので、それを再掲しよう。この表の(b-i)が「内部エネルギー」に相当する。

表3　物体の全体活力と部分活力

部分活力	(b-i) 相対的、部分に固有の活力	部分間での相互作用の働きが持つ活力
	(b-ii) 方向的、共通の活力	物体全体の運動方向を決め、他の物体との衝突などにおいて物体全体の反応に関わる
全体活力	(b-i)と(b-ii)を合わせたもの	

現在の文脈では「天使の動力学」ではなく「人間の動力学」が問題なので、62節、63節の「ライプニッツ版相対性理論」を援用する。そうすると、アインシュタインが特殊相対論で導いた有名な式、「静止エネルギー」を表す式は、ライプニッツ版でも出てくる。すなわち、物体の慣性質量をm、光速をcとすれば、

$$E = mc^2$$

となって、ライプニッツはこれを部分活力(b-i)を表す定量的表現として採用できるのである。

もちろん、ライプニッツ自身はこんなことを知らなかったけれども、少なくとも重要な意味で「予見」していたと言えるだろう。ラ

イプニッツの同時代には、おそらく誰もこんなアイデアは持っていなかった。それだけでなく、「同時性」の重要性を明確に認識していた彼の動力学には、「光速度一定の原理」を導入しさえすれば、これだけの結果を導き出す潜在力が備わっていたのである。

　以上の結論に加えて、次の補足説明をぜひ述べておきたい。古典力学は、多くの場合「ニュートン力学」と呼ばれる。しかし、古典力学をわれわれが知るような形に練り上げていったのは、実際は18世紀から19世紀にかけての多くの俊才たち、たとえば、オイラー（Leonhard Euler, 1707-1783）、ラグランジュ（Joseph-Louis Lagrange, 1736-1813）、ラプラス（Pierre-Simon Laplace, 1749-1827）、ヤコービ（C. G. J. Jacobi, 1804-1851）、ハミルトン（W. R. Hamilton, 1805-1865）などである。これらの人たちは、「ニュートンの力学」に含まれていた潜在性を諸種の形で展開し、強力な道具立てを追加することで、精緻な理論に練り上げたのである。そのことを考えると、ライプニッツの「未完に終わった」けれども多くの独創的なアイデアを含み、さらに「形而上学」とペアになっていた「動力学」の潜在性も、同様に注目されてしかるべきである。歴史的には、そのような考察はほとんどなされてこなかったように見受けられる。わたしが知っている例外は、ジュリアン・バーバー（Julian Barbour, 1937-）の一連の仕事で、マッハのアイデア経由の彼の「関係説力学」（重力理論にも及ぶ）は、ライプニッツの路線に親近性が強い（内井2005、内井2006aも参照されたい）。

第17章

慣性の法則と相対性

66　慣性法則と相対性の相性？

　前章までの結果は大きな意義があるものだとわたしは思うが、慣性の法則の基礎づけの問題は置き去りにされており、それに依存した結果でしかない。そこで、慣性の法則を基礎づけようとするとどんな難問が潜んでいるのか、これから考察を進めてみよう。この問題を語らせたなら、現代の科学哲学者や物理学者の中で、ジュリアン・バーバーの右に出る者はいない。

> ニュートンには、ホイヘンスとライプニッツという、慣性の法則を喜んで使い、なおかつ運動の相対性を頑強に主張した同時代人がいた。彼らとは違って、ニュートンは、それがはらむ問題をあまりにも強く感知したので、動力学を構築するに当たって、厳格な枠組み、すなわち絶対空間なしで済ますことは考えられなかった。(Barbour 1995a, 7)

　この引用文には、ニュートンを刺すトゲに劣らず、ホイヘンスとライプニッツを刺すトゲも含まれている。慣性の法則は、ホイヘン

スやニュートン以前からガリレオやデカルトなどによっても使われていた。たとえば、ガリレオは地表上の運動についてこの法則を使ったので、地球の円周上での「慣性運動」となり、厳密には直線運動ではない。しかし、もちろん、**実験的には**ガリレオの研究に大変役立ったのである。ホイヘンス、ライプニッツ、およびニュートンにとって、慣性運動は直線上の一様（等速）運動でなければならない。しかし「一様運動」が成立していると、どのようにしてわかるのだろうか？　また、慣性運動の軌跡が「直線」であるとどうしてわかるのだろうか？　もちろん、〈もし〉われわれが慣性運動を定義する前に「一様運動」の独立な（つまり、慣性運動を前提しない）基準を持っており、〈もし〉空間がユークリッド空間であるのなら、「一様な直線運動」を見分けることができる。しかし、その場合は、二つの〈もし〉が成り立っていることを独立に証明しておかなければならない。その証明なしで「慣性の法則」を基本法則と見なすのは、絶対空間の天下りによる導入と大差のない手続きである。

そこで、この証明がないところに「運動の相対性」を限定なしで導入してみよう。**任意**の運動状態にある観測者Aが、他の運動Bを自分の観点から記述し、「直線的だ」と見なしても、Bが本当に直線運動かどうかわからない。あるいは、加速運動をしているAの観点から、「Bは等速運動だ」と記述されても、Bは等速運動にはならない。「自由な基準系の取り方をした上での相対性の主張」は、このように運動の記述に支障をきたし、力学の構築が不可能に見える。これがニュートンの危惧ではなかっただろうか。恣意的に選ばれた基準系で「慣性の法則」が仮に定式化できたとしても、使い物にならないではないか。

バーバーの診断も簡潔に紹介してみよう。「慣性運動」とは「宇宙での漂流」みたいなもので、いたる所で見られ、運動の方向にも制限がない。しかし、われわれには「それがどこから来るのか」、また「何がその軌道を決めているのか」わからない（Barbour 2001, 477）。

物体の衝突のような個別的な現象では、衝突の「相対速度」のみで結果が決まるのに、なぜ「宇宙での漂流」は個別的な現象を超越して、宇宙に行き渡っているのか。ところが、個別的な現象での相対性と「宇宙での漂流」は、力学研究においてどちらも不可欠であり、協働する。投射体の研究しかり、遠心力の解明しかり、そして惑星運動の説明しかり。以上の「対照的性格」と「協働の必要性」が謎のもとである。

　つまり、「慣性の法則」自体の基礎づけが難問である上に、この法則と「運動の相対性」を組み合わせて使うときに、また別の難問が生じる。この点、わかりにくいかもしれないので、簡単な図を使って説明してみよう。図17で、「回転運動の相対性」と、もっと一般的な運動の相対性について問題提起する。

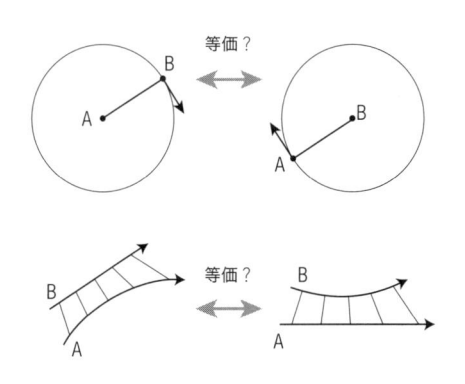

図17　運動の相対性と慣性の法則

「回転運動の相対性」（上段の図）は、ライプニッツが運動の相対性を主張するときのお気に入りの例の一つだが、幾何学的には右の描き方も左の描き方も同等、等価である。Aから見たBの回転運動は、Bから見たAの回転運動に容易に変換できる。しかし、この回転運

動の背景に「慣性の法則」が仮定されると、物理的には違いが出る。もしAが慣性系で慣性運動しているのなら、Bには遠心力が発生し（第3部でもっと詳しく説明するが）、回転を維持するにはAに向かう一定の「求心力」が働いて、回転半径を同一に維持しなければならない。幾何学的には、右側のような描き方ができても、物理的には（仮定により）回転の中心はAである。したがって、運動の相対性の主張は、慣性法則を前提すると、回転運動でまずつまずく。また、力学を論じている場面で、「異なる仮説の数学的な等価性」だけで相対性を主張するのは、乱暴な議論であることがわかる。

　そこで下段の図に移ろう。A、B二つの運動のうち、いずれを「直線」として描くかは、数学的には自由である。ただ、二つの運動軌跡の間で、時間ごとの「距離」（短い線分で表してある）が同じままであればよい。しかし、これは「慣性運動の相対性」を全然意味しない。そもそも、前提されている物理法則には言及がないので、わからないのである。では、「Aが慣性運動している」という仮定を持ち込めば、右側が「正しい描き方」に決まるだろうか？　ライプニッツやニュートンはそう考えたかもしれない。しかし、もしそうなら、それは物理空間がユークリッド空間だと仮定したからにすぎない。さらに、数学者ガウスが19世紀に創案した「ガウス座標」では、曲線的な座標系を使ってユークリッド幾何学でも表現できる。また、リーマンなどの数学者がこのアイデアをさらに展開して、「微分幾何学」という「描き方」ではなく「メトリック」（座標値と幾何学的量の関係を規定する）で幾何学構造の本質を表現しようとする分野が生まれた。

　もう一つ注意を加えるなら、図17の左右の「描き方」で相対性を示したにせよ、どちらの図でも「不変」な部分が残されていることに気づいただろうか。「回転運動の相対性」では、回転の「半径」は不変なまま、下段の場合は二つの軌跡の「対応点」ごとの「距離」が不変である。このように、「相対性」を言うときは、「何でもあり」を意味せず、「何を不変量として残すか」が重要なのである（第3部で再

論する)。

　われわれには以上のような「後知恵」があるので、慣性と相対性の相性について、ライプニッツよりは、少しばかり前進した見方ができる。しかし、ライプニッツには「形而上学」という基礎がまだあることを忘れてはならない。次節では、形而上学に「慣性の法則」の基盤がありうるかどうか、あるいはそれを一般化できる基盤があるのかどうか、ヒントを探ってみよう。

67　慣性の法則の基礎とは？

　慣性の法則には、「直線運動」と「一様運動」の二つの側面があった。空間の幾何学に関係する「直線運動」には、必ずしもこだわる必要はない。「距離」の定義で肝要なのは、むしろ「最短の経路」であって、これについてはライプニッツもすでに気づいていた(59節参照)。やっかいなのは、「一様運動」の方である。バーバーは慣性運動を「宇宙での漂流」になぞらえたが、ここに一つヒントが含まれている。「慣性」とは宇宙全体に関わる特性ではないのか？　ライプニッツの哲学では「すべてのものはつながって」おり、宇宙全体に「予定調和」が行き渡っている。そこに「慣性」の基盤が行き着くというのは、ありえない話ではない。これについても、バーバーの示唆に富む指摘を引用しておきたい。力学という「舞台」で「主役」はいったい誰なのか？

　舞台は、芝居の中で役者が訪れることのできる場所の総体である。しかし、いったい誰がその芝居を、どこで演じているのか？　ニュートンの芝居では、個々の物体が絶対空間の中で演じている。マッハの芝居では、主役はひとりだけ、すなわち宇宙全体

である。この主役は絶対空間の中で動くのではなく、一つの配置から別の配置へと動くのである。(Barbour 2000, 69)

　バーバーの「関係説力学」はマッハのヒントから出発したので、この引用ではマッハが出てくるのだが、同じことはライプニッツについても成り立つ。彼の形而上学からすれば、モナド界の「世界状態」が移り変わっていくのがすべての大もとである。つまり、モナド界全体が「芝居の主役」であり、他のものはすべてこれに含まれているので主役ではありえない。そこで、マッハのよく知られた言明を想起しよう。ニュートンに対抗して、マッハは「慣性の法則は、世界の一部が全体に対して持つ関係によって決まる」という筋書きを提唱したのである。彼自身は、この筋書きを力学理論にまとめ上げることはしなかった。バーバーがその仕事を後に引き継いだのである。

　ところが、これまで本書で展開してきた情報論的解釈を振り返ってみると、先の引用文の趣旨は、ライプニッツの形而上学および動力学にわたる、二つのレベルでどちらにも当てはまるはずである。ただ、ライプニッツは「現象界の全体」について語ることはできるだけ避けようとした節が見えるが、モナド界の全体については頻繁に語るので、その「遠慮」は帳消しになっている観が強い！　現に、ライプニッツのデモンは現象界の現在、過去、未来をすべて見通せたのではなかったか？　いずれにせよ、バーバーのヒントには乗ってみる値打ちがある。

　しかも、これまでに見てきたライプニッツの形而上学、動力学、および状況分析のうちに、必要な道具立てはすべて揃っているように見受けられる。状況分析で現象界の幾何学が基礎づけられ、空間がメトリックも含めて決められうる（候補は、ユークリッド空間一つだけではない）。時間については、世界状態の遷移の順序に基盤があり、運動の軌跡を介して空間のメトリックと関係づけられる。しか

も、運動は「状況の変化」(ただし、力が内在しなければならない)であると定義され、慣性運動にも力が働いている(本書第4章)のだから、「状況変化の法則」の一部として「慣性の法則」が得られればよいのである。ここまでのシナリオは何とか出てきた。しかし、ここからが科学哲学の研究者にとって、腕の見せ所である。

68　最適化原理

　まず、現象世界全体にわたる「状況」が必要である。もちろん、有限な人間の知性には、これを把握するのは無理であるが、バーバーが言う、世界(宇宙)全体を主役にする力学理論で「主役がどんなたぐいのものか」を語るのは許される。いま現象世界を語っているのであるから、一般的な記述は可能である。すなわち、ライプニッツの細胞空間の全体にわたる諸種の物体の配置、それらが形成する刻々の状況の全体である。しかも、この「刻々の状況」の基盤ははっきりしていて、それはモナド界の世界状態の遷移にほかならない。では、世界状態の遷移はどう決まるのか、いや、神はその状態遷移をどういう原理に基づいて決めたのだろうか。神は「すべての可能世界のうちから最善な世界を選んだ」のだから、「最適化原理」に従ったのである。ということは、その最善世界を現象界にコーディングによって移したのだから、「状況変化の法則」も、現象界で最適化原理に従うはずである。

　ここで、57節で指摘した、ライプニッツによる「運動の経路(軌跡)」の定義を想起しよう。動く点の軌跡が定義できるのなら、多数の物体の運動の軌跡にもこの定義は拡張可能である。それどころか、現象世界全体にわたるすべての物体の運動軌跡を語ることも有意味である。それを「現象世界の軌跡」と省略的に表現するとして、こ

れはいったい何に相当するのだろうか。「運動の定義」、および現象界についてのライプニッツの機械論哲学からして、「現象世界の軌跡」は「状況変化の軌跡」にほかならない（もちろん、世界全体にわたる状況を考えた上で）。

以下、少し難しい話になるが、手短に済ませるのでお許しいただきたい。現代の「解析力学」の素養がある者なら、たとえば3個の質点の力学が、それぞれの質点の「位置」と「運動量（質量×速度）」を、「あたかも独立変数であるかのように見なして」扱い、抽象的な座標系（一般化座標）で表現すると、「その系全体の運動」が、その座標系では「一つの軌跡」となることをご存じだろう。もとの3次元の空間では、先の変数は3つずつの値を持つので、一質点につき変数は6個に増える。したがって、3個の質点系を記述するには18次元の座標系が必要となるが、このテクニックを使うと、系全体の軌跡が一挙に扱えるだけでなく、最適化原理（解析力学では「変分原理」と呼ばれる）を適当な形の方程式に適用することで、きわめて美しい理論ができる。この路線は、古典力学だけでなく、相対論や量子力学にも適用できることがわかっている。それだけでなく、この路線、どう見てもライプニッツの哲学や動力学と親近性がある。このテクニックをここで使おうというのではない。しかし、後世のこのアイデアは、ライプニッツの「状況分析」を動力学に結合しようとするとき、強力なヒントを与えてくれる。

キーワードはもちろん「最適化」である。しかし、いったい何を「最適化」するのか。ざっくりと言えば、状況のすべての可能性を考えて、「状況変化の最適な軌跡が決まる」ような最適化である。その結果、ライプニッツにとっては、最善世界たるモナド界に対応する現象世界が出てくるのではないだろうか。わたしの推測では、ライプニッツはこのようなヴィジョンを持っていたはずである。それゆえ、有名な『弁神論』でも、話題は力学ではないが、最善世界説を展開したわけである。また、「距離」を定義する際に「最短経路」をも

ち出したのも、このようなヴィジョンの一環であろう。ちなみに、彼はフェルマ (Pierre de Fermat, 1601-1665) が唱えた「光が最短経路をとる」という説を支持し、物理学においても「目的因」を擁護しようとした。(エイトン1990、171)

そこで、ライプニッツが直面していた問題と、彼が用意していた問題解決のための道具立てとを突き合わせ、さらにわれわれの後知恵を加えて解決策を探るなら、慣性の法則の基礎づけ、さらには運動法則全体の基礎づけを目指す、ライプニッツの「可能な」方策が見えてくる。慣性の法則を考えるとき、ライプニッツには、世界の全体に関わる状況にさかのぼり、「状況の変化としての運動」を「状況の軌跡」で表現する道があった。もちろん、われわれ人間には、状況の全体は把握できないが、モナド界全体や創造主たる神を考察した彼には、モナド界全体を「可能的」あるいは「漸近的」に表現する「状況の全体」は、有意味に語れたはずである。そうすると、「状況の軌跡」のすべての可能性のうちから、何らかの意味で(その規定は簡単ではないが)「最適な軌跡」が選べれば、そこに「最適な運動法則」がまとめて表現されているはずである。「慣性の法則」、「二点間の距離」など、個別的な事態が別々に最適化の対象となるのではなく、「すべてのものはつながっている」のだから、「まとめて全体として」最善でなければならない。空間のメトリック、時間のメトリックも例外ではない。その結果、「慣性の法則」から、ライプニッツが認めていたような特権、「事物の本性に基づいている」かのような地位は剥奪され、運動の相対性の主張との整合性も考えやすくなる。もちろん、その場合、「相対性の主張」の中身もしっかり検討しなければならない。

以上の方策がライプニッツには開かれていた。この主張は、勝手な推測ではない。この方策を記述するために必要な概念、道具立ては、すべて晩年のライプニッツには揃っていたのである。こういう確かな基盤を、本書のこれまでの論述で示しているので、「推測」で

はあっても十分な裏づけのある推測である。それで、わたしが言いたいのは、この方策をより具体的に追究してみたならどういう結果が得られるかという推測である（ここからは裏づけが少々弱くなる）。(1)「慣性の法則」は、おそらく古典的な定式とは異なってくる。たとえば、「直線的」である必要はなく、「等速運動」である必要もない。その理由は、(2)第3部で考察する「重力」（ライプニッツの考察は、断片的であるが興味深いものがある）と「慣性」が統合されうる道があるからである。(3) アインシュタインの重力理論からわかるとおり、重力は「時空の幾何学構造」と不可分となり、物質との相互作用も関わるので、「状況分析」との相性は悪くないはずである。それどころか、(4)「運動は状況の変化である」というライプニッツ晩年の見解は、「動力学の幾何学化」の提唱だったと解釈する道も開ける。なぜなら、「状況」は現象世界に含まれる物体すべての「同時的配置」という幾何学的関係であり、それの時間を通じた変化は、動力学の対象とまったく同じ「世界全体の運動」となるからである。

　もちろん、このような「シナリオ」が見えたからといっても、実際に細部を埋めて使い物になるような理論を構築するのは大変である。直ちに予想できる難点は、「無限に無限を重ねる」というモナド界の構造が、われわれ有限な能力しかない人間の「現象界」にすべて現れるとは期待しがたいことである。したがって、このシナリオにしたがったとしても、人間に可能な動力学の理論は、おそらく、有限だが上限のない「現象界」を対象とした、「たかだか近似的な解読」でしかないかもしれない。しかし、その事情は、ほかのどんな試みを採用しても同じことだから、ライプニッツ（あるいは、その情報論的解釈）のシナリオの欠陥だという理由にはなりえない。

　第3部では、ライプニッツの動力学で最も不備だった部分、すなわち重力の問題にも少々立ち入って、第16章から始めた「アイデアの冒険」をもう少し進めてみるつもりである。

第2部への注記

1.「二重解釈」のラテン語テキスト

第47節から50節にかけて、ライプニッツの時間論に関わるテキスト（1）〜（4）を英訳から引用し、わたしの「二重解釈」を展開した。その箇所のラテン語テキストを、以下で **GM7** 18 から引用しておく。ここに彼の時間論が凝縮されている。

(1) Si plures ponantur existere rerum status, nihil oppositum involventes, dicentur existere **simul**.
(2) Si eorum quae non sunt simul unum rationem alterius involvat, illud **prius**, hoc **posterius** habetur.
(3) Status meus prior, ob ominum rerum connexionem, etiam statum aliarum rerum priorem involvat, hinc status meus prior etiam rationem involvit status posterioris aliarum rerum alique adeo et aliarum rerum statu est prior.
(4) Et ideo quicquid existit alteri existenti aut simul est aut prius aut posterius.

2. 継続的知覚による同時性の認識

58節で引用した、継続的知覚による同時性の認識を言うライプニッツのテキスト、重要なのでラテン語テキストも示しておく（**GM7** 25）。

Coexistere autem cognoscimus non ea tantum quae simul percipiuntur, sed etiam quae successive percipimus, mod ponatur durante transitu a perceptione unius ad perceptionem alterius aut non interiisse prius, aut non natum esse posterius. Ex illa hypothesi sequitur nunc ambo coexistere, cum posterius attigimus; ex hac sequitur ambo extitisse cum prius disereremus.

休憩章

モナドロジーと音楽

　本論の続きを休憩なしで直ちに読みたい方は、この「休憩章」を飛ばして第3部にどうぞ。これまでの話が少々むずかしかったので、「休憩がてら、頭の整理、ないし、これまでの内容の整理をしておきたい」と感じた方々は、ここで一服していただきたい。これまでとまったく異なる音楽の観点からもライプニッツの形而上学につながりがつく、という趣旨の、この休憩章が参考になれば幸いである。

1　音楽作品とその演奏

　ライプニッツの形而上学、「モナドロジー」は、多くの人にとって奇想天外、難解だったかもしれない。「モナド」とは、実体、真に存在するものの別名である。ところが、これはわれわれになじみのある自然界の対象ではなく、時間も空間もない領域にある。「自然界」とは、多数のモナドの活動が「認識能力のあるモナド」に対して「どのように見えるか」という現象だということになった。
　ここまでの導入部分でまず引っかかった人は、音楽作品 (その総譜あるいはスコア) と、その作品の実演との関係に目を向けていただきたい。そこでは、「モナドロジー」との興味深いアナロジーが成り

立つ。バロック音楽を含む、いわゆる「クラシック音楽」の作品は、壮大な交響曲も含めて、すべて一冊の総譜として書きとめられ、演奏家や指揮者はその総譜を自分なりに「解釈」したうえで演奏する。そこで、実演そのものが「解釈」と呼ばれることもよくある。「今日の演奏はよかった」という代わりに、「誰それの解釈はすばらしかった」という評論家的表現も生まれるわけである。

　そこで、まず注目したいのは、「総譜」は作品が完成して書きとめられた段階以降、いわば「無時間的」な存在となることである。もちろん、作曲家に楽想が浮かんだとき、頭の中で音やメロディが時間的に流れたかもしれない。しかし、ここでのポイントは、完成した音楽作品のエッセンスはどこにあるか、という話である。総譜のなかで音は鳴らないし、時間も流れない。音楽作品は、それに固有の**音楽情報**をすべて組織化したものであり、それが「個性」となる。これに対し、その作品の一回一回の「実演」は、演奏家が変わればそれぞれ異なるし、同じ演奏家による実演でも、一回一回ごとに変わるかもしれない。そして、なによりも、演奏は**空間**のなかで鳴り響き、**時間**のなかで流れていくこととなる。つまり、演奏家は、無時間的な作品（総譜で示されている）を、空間と時間の枠のなかで、自分の**解釈**が込められた「**現象**」へと変換するのである。以上の音楽論議のなかで、本書の情報論的解釈のキーワードが出てきたことに注目されたい。

　では、この「変換」の作業をもう少し詳しく見よう。演奏家の解釈が異なれば、曲のテンポ（速さ）に違いが出るだけでなく、曲の情感も大いに変わってくる。総譜に書かれた「音楽情報」は同じでも、実演ではその「表現の仕方」が違ってくる。たとえば、一見機械的に見えるリズムでも、演奏の仕方でずいぶんと印象が変わる。あるいは、旋律の区切り方、唱わせ方をどう調節するのか、強弱をどのようにつけるのか、などなど、演奏にはかなりの自由度が残されている。そこで、演奏者や音楽評論家の出番となって、たとえば、「演

奏家Ａの解釈は平凡だったが、Ｂの解釈は見事で、楽曲の構造をくっきりと示し、情感豊かに演奏して、聴衆をぐいぐいと引き込んだ」というような違いが出てくる。

　一般に、あるものＸを別のものＹで「表現」するとき、「ＸはＹに変換される」と言い換えてよいが、この変換は無規則ではなく、一定の縛りがかかる。ある作品の総譜に書かれた多数の音符の「相互関係」と「順序」が演奏で変わってしまっては、その曲の演奏とは言えず、作品の同一性まで損なわれてしまう。テンポや音色は変わっても、どんな演奏でも変えてはならない「対応関係」があり、それが総譜で指定されている。それが「音楽情報」の本質的な部分、いわば、**不変構造**である。このように、当然のことではあるが、演奏では「保存される」関係と、「解釈によって変わる」ものとが共存し、そのバランスによって演奏の良し悪し、表現の良し悪し、解釈の優劣が生じてくる。

　総譜で指定された「変わらないもの、不変構造」と、演奏家の裁量で「変えてもよい、可変構造」との区別は、本書の第１部と第２部で示した「実体界と現象界」の区別に対応する。総譜が個々の演奏まですべて厳密に決めるわけでないことは、自明であろう（演奏家が不要になる）。総譜は、レコード盤やＣＤ盤のようなものではない。他方、演奏家がぜんぶ好き勝手にやってよいわけでないことも、自明であろう（作曲家が不要になる）。そこで、不変構造を決める総譜（音楽情報）と、それを解釈する演奏家の役割がどちらも必要となって、しかるべき役割分担が決まり、最終的に個々の演奏となって、ステージで鳴り響き、音が流れるのである。この「解釈と演奏」が一体となって、楽曲の不変構造を現象世界での実演に変換する**コーディング**の役割を担う。

　モナドロジーでは、神が不変構造もコーディングも与えたのだが、音楽では、作曲家と演奏家が二つをそれぞれ分担して担う、という違いが出てくる。

2　複数の声部と全体の調和

　音楽作品と「モナドロジー」の間のアナロジーは、もっと細部に至るまで続けることができる。一般に、音楽作品には複数の声部（パート）があって、それぞれの声部が独自の旋律を展開したり、リズムを刻んだりしながら絡み合って、全体の作品を構成することに

図18　交響曲のスコア
（ベートーヴェン、第五交響曲、第一楽章の冒頭）

なる。たとえば、ライプニッツの晩年と活躍した期間が重なるバッハ（Johann Sebastian Bach, 1685-1750）が好んだ「多声音楽、ポリフォニー」の手法では、それぞれの声部が「あたかも自律的に展開するかのように」見えながら、楽曲全体の調和に見事に貢献する。もちろん、このようなバロック音楽の手法は、古典派、ロマン派と時代が進むにつれて廃れていくのだが、複数声部の絡み合いで楽曲が構成

される点はずっと維持される。とくに、古典期以後の「交響曲」では、総譜（スコア）を見ればわかるとおり、多数の声部が同時進行する様は壮観である。そして、これら複数の声部の役割は、ライプニッツの「モナド」あるいは「一つのモナドが統括するモナドの組織体」の役割とよく似ている（図18）。

まず、各声部はそれぞれ独自の音列を割り当てられていて、互いに異なる。たとえば、バッハの有名な「G線上のアリア」は、元々は管弦楽組曲第3番（BWV 1068）のアリアで、高音部、中音部、低音部と複数の独立した声部からなる多声音楽（ポリフォニー）の構造を持ち、それぞれの声部は違う旋律を奏でる。これは、各モナドが独自の状態遷移をたどるのとまったく同じである。そして、モナド界に「**予定調和**」が成り立つのと同じように、バッハのアリアには、始まりから終わりまでの流れのうちに、えもいわれぬ調和が支配していて、聞く者に心の癒やしと平安、清々しさと感動を与えてくれる。もちろん、この楽曲の「調和」は、楽曲自体に内在する不変構造が源泉であるが、演奏者の手腕にも依存して、（現象としての）実演が名演にも凡庸にもなりうる。いずれにせよ、モナドロジーで言われた「予定調和」は、音楽作品でも成り立ちうる。

さらに、各声部、および楽曲全体の進行、音符の**相互関係**と**順序**に目を向けてみよう。各声部では、音符（休符も含む）がそれぞれの長さの「相対的な割合」を保って、厳密な順序に従っている。これがその声部の「不変構造」である。そして、それは各モナドの状態が、順序通りに（初期状態および遷移関数にしたがって）並んでいるのとまったく同じである。かくして、各声部の譜面も、楽曲全体の総譜も、一種の「**プログラム**」だと見なすことができる。演奏者に対して、「このように演奏しなさい」という、細々とした指示が、テンポの変化、強弱の変化なども含めて楽譜に書かれているのだから、まさに、「演奏のためのプログラム」といって差し支えない。しかも、このプログラムは、現象世界での**因果過程**を経由して「演奏」となる。ここ

でもモナドロジーとのアナロジーは維持されている。

3 演奏の空間と時間

　もう一つ指摘しておきたいのは、音楽作品と、それを演奏する際の「空間と時間」の決まり方である。これは、声部の数が少ないときは見落とされがちだが、演奏者の数が増えてきて、「指揮者」のたぐいの「リーダー」が必要となる場合、あるいは、特定の楽器が指定された協奏曲の場合などには、重要な要素となり、楽曲全体の解釈にも関わってくる。

　まず、時間については、すでに前節2で述べたように、音符の長さの「相対的割合」は指定されていても、楽曲全体の演奏の速さは、「プレスト」とか「アンダンテ」「ラールゴ」など、質的な指定しかないのが普通なので、演奏者の解釈が多分に入るところである。これは、ライプニッツの動力学では、時間のメトリックをどう決めるかという問題と重なり、コーディングによって決まったところである。したがって、その言い方を踏襲するなら、演奏者が自分の解釈によって「演奏時間のメトリック」(全体および部分での変化)を決めるということになる。とくに、協奏曲のように「独奏者」がいる場合には、その人の解釈が重視されることになろう。

　演奏のテンポについては、ラヴェルとトスカニーニの有名話があるので、ついでに紹介しておこう。緻密な作曲家の場合、総譜でテンポがメトロノームの数値(一拍の基準となる音符で数えて、一分間に80とか120などという数値)で指定されていることがある。ラヴェルの有名な「ボレロ」がその一例で、テンポがそのように指定されていた。ところが、トスカニーニがパリでこの曲を演奏したとき、この指揮者は指定よりも速いテンポで演奏した。この演奏を聴きに

来ていたラヴェルが、演奏の後で指揮者を訪れ、「あの曲に指定してあるテンポより速すぎる」とクレームをつけたところ、指揮者は「わたしはあのテンポでしか演奏できない」と答えたとか。神ならぬ作曲家が演奏家の解釈まで決めることはできないことの好例！

では、演奏と空間の関係に移ろう。比較的小さな演奏集団の場合でも、曲によっては、各声部の空間的な配置は重要な問題である。たとえば、弦楽四重奏の場合のように、慣習として配置がほぼ決まっている場合もある。しかし、バッハの管弦楽組曲のように、10人程度の楽団でも、チェンバロが入って、しかもその奏者が指揮を兼ねることになれば、チェンバロ奏者は聴衆に背を向け、他の楽団員と向き合う配置をとることが多い。また、全曲にわたってフルートが重要な役割を果たすなら（管弦楽組曲第2番、BWV 1067）、フルート奏者には目立つ場所を与えることが必要である。

しかし、なんと言っても、近代の大オーケストラで指揮者が大きな役割を果たすようになると、各声部の空間的配置には、楽曲の解釈を統一する役割（組織化されたモナド群を統括する*エンテレキー相当*）の**指揮者**の意向が反映されるだろう。たとえば、最近ではあまり見かけなくなったが、第一ヴァイオリンと第二ヴァイオリンは「左右両翼に」配置すべきだという信念を持つ指揮者もいたのである。いずれにせよ、楽曲全体あるいは楽章内部での声部間の関係によって、声部の配置をどのようにするかは、つまらない問題ではない。

かくして、総譜では「声部間の関係」に空間は必要なくとも、各声部間の「音の関係」は、演奏に際しては解釈の一部として「空間的配置」も含むように変換されなければならない。ここでも、モナドロジーのコーディング相当の役割が、楽曲の「解釈」に求められるのである。

以上のアナロジーは次表にまとめておくので、必要に応じて参照されたい。

	ライプニッツのモナド	楽曲の声部
誰が設計し作り出すか	合理的な神	作曲家
予定調和	あり	あり
空　間	なし	なし
時　間	なし	なし
状態変化	規則（プログラム）に従った順序	規則（プログラム）に従った順序（状態の長さの比率を含む）
個性、同一性の由来	状態変化の規則（全系列）、情報	状態変化の規則（全系列）、音楽情報
グループ分けと組織化	無限の階層構造	有限の階層構造
変わらない構造	状態変化の順序と他のモナドとの対応関係	状態変化の順序と他の声部との対応関係
生み出される現象	物理的および心的な出来事	実際の演奏
現象との関係	神が定めた変換のコードを要する	演奏者の解釈を要する
空間と時間の生成	神が定めた変換のコードによる	演奏者の解釈による

表6　モナドと楽曲の声部とのアナロジー

4　情報論的解釈の射程

　このアナロジーが成り立つおおもとは、「情報」の概念と、その情報を表現する際に不可欠な「コードあるいはコーディング」にありそうである。わたしがライプニッツを読み始めたのは、60歳に近づいた頃であるが、読み始めてすぐに、「彼の形而上学は情報理論で読み解けるのではないか」という発想が生まれた。アリストテレスや中世哲学のコトバを引き継ぎ、「古色蒼然」のように見える彼の哲学は、20世紀、21世紀の科学とすぐにつながる「先進的」な内容を持っていることが、前記の表からもわかるだろう。バッハの音楽が現代でも多くのファンを引きつけるのと同様に、ライプニッツの思想は現代でも十分に通用するはずである。

第 3 部

慣性と重力、ライプニッツ的構想の一つの形

第 18 章

ニュートンのバケツと慣性の法則

69　「相対性」にまつわる誤解

　第3部の課題は、ライプニッツの形而上学と動力学が内蔵していた潜在力をさらに追究すべく、彼の理論の射程を探ることである。第2部までの大部分では、ライプニッツのテキストをしっかり押さえた論述を心がけてきたつもりだが、これからはわたし自身の「知的冒険」がさらに前面に出てくるかもしれない。第2部の終わりで予告したとおり、ライプニッツの重力の取り扱いにも立ち入るが、これについては、彼自身のまとまったテキストが見つからないので、先行研究を踏まえつつ、推理を挟んで、いくつかの推測を述べていく、というのが第3部の予定である。

　しかし、その前に、あらかじめ済ませておかなければならない作業がある。これまで、「運動の相対性」とか「相対性原理」について語り、「相対性」を扱ってきたのだが、この概念をしっかり整理しておかなければ、慣性と重力の関係を論じるに当たって、無用な混乱が生じる。ライプニッツにおいて、運動の相対性と慣性の法則との関係が不十分にしか論じられなかっただけでなく、それより200年後のアインシュタインにおいてさえ、「相対性原理」の意味について

誤解が残っていた。加えて、アインシュタインの誤解は、時空の哲学を論じた科学哲学者たち（たとえば、ライヘンバッハやシュリック）にも引き継がれたのである。慣性と重力とのつながりを論じるための「地ならし」もかねて、その事情を簡単に述べておきたい。

すでに66節の図17を用いて指摘したように、同じ運動が「数学的に等価な仮説」によって違ったように表現される、というのは「物理的な内容をもつ相対性の原理」ではない。アインシュタインが特殊相対論で提唱した相対性原理は、「すべての慣性系で自然法則は同一である」という内容だった。これは、「物理系」について語っているので「物理的な等価性」に踏み込んだ命題である。この点をまず押さえておこう。次に、相対論の解説でよく出てくるのが、「一般相対性理論は、慣性系のみに制限されていた相対性原理を、慣性運動以外の加速運動にまで拡張した」という説明である。アインシュタイン自身が「一般相対性原理」という名称を使い、同じような説明をおこなった。しかし、これが「要注意」なのである。この表現、普通に読むと、相対性原理の一般化だから、特殊相対論の場合と同様に、「物理的内容をもつ原理」だと理解してしまう。しかし、アインシュタインがこの原理の「正確な」定式化だと見なしたのは、

（GC）どのようなガウス座標系（連続的で曲がった座標軸であってよい）をとっても、一般的な自然法則は、同じ内容のまま表現できる。

という、「一般共変性 general covariance」の原理だった。これは、自然法則について語っているように見えて、実は「座標系」という、「数学的な表現手段が満たすべき条件」、いわば「数学的条件」を述べている（この点、Erich Kretschmann に指摘され、アインシュタインは1918年の論文で認めている。**ECP7** doc. 4）。この条件を満たすために、「テンソル解析」という微分幾何学の複雑な道具立てが必要となる。

ここでは、技術的な話に立ち入る必要はないので、(GC)が言っていることを、簡単な具体例で示してみよう。

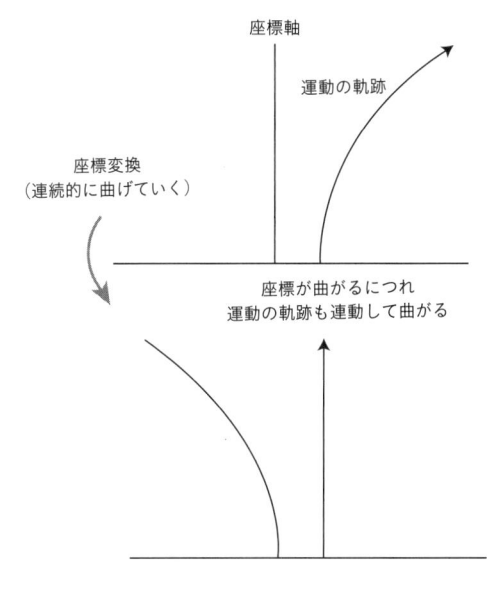

図19 連続的な座標変換

　図19の上段は、二次元の直交座標系で、運動の曲がった軌跡が示されている。そこで、この軌跡も含め、座標系の全体を連続的に少しずつ曲げていって、下段の図になったとしよう。このような手続きは「座標変換」と呼ばれる。下段の図では、運動の軌跡が直線に変換され、もとの座標軸は運動の軌跡の鏡像のように曲がっている（この座標系は、曲がった「ガウス座標系」の一例となる。横軸の座標値に対応する目盛りの縦線も、すべて連動して同様に曲がる。ガウス座標について、わかりやすい解説は、内井2005、40〜43節を参照）。本書

でもすでに解説したとおり、どちらの図でも「同じ運動が表現されている」と言えるためには、「見かけ」ではなく、この座標系で表現されている軌跡の「幾何学的構造」およびそれを決定するメトリックが肝心なのである。そして、この条件（一般共変性）を満たすような座標変換が可能なことは、直観的にわかるはずである。すなわち、どんな運動の軌跡を取っても、座標軸が曲がっているだけで、表現されている運動の本質には違いがないようにできる。以上のようなことを一般的に示せる幾何学が「微分幾何学」であり、アインシュタインの重力理論は、この道具立てを活用し、重力場の方程式で基本法則を表す。一言付け加えるなら、「不変量に基づく法則」とその「数学的表現」との関係は、ライプニッツの「モナド界の法則」とそれの「現象界での表現」（「コード化」による変換を必要とする）の関係と類比的であることがわかるだろう。

　アインシュタインの重力理論（通俗的には「一般相対性理論」と呼ばれる）は、この「一般共変性」という数学的条件を使った最初の科学理論だった。そのため、彼が使った「一般相対性、すなわち一般共変性」というフレーズが後々まで引き継がれ、数学的原理と物理学的原理が混同されるという事態が、科学哲学者の間でも二十世紀後半まで続いた。しかし、真相は、幾何学理論や物理学理論が何をその理論の「不変量」と見なすかで、その理論の性格が左右されるということである。たとえば、ユークリッド幾何学では、「距離」と呼ばれる量が不変量となる。ということは、この条件さえ押さえれば、「一般共変性を満たすユークリッド幾何学」が、曲がったガウス座標を使っても成り立つということ。また、特殊相対性理論では「間隔」と呼ばれる「時空の隔たり」が不変量となり、一般共変性を満たす特殊相対性理論の定式化も可能である。したがって、「一般共変性＝一般相対性」ではありえないのである（もっと詳しい議論は、内井 2005、80-96を参照）。ちなみに、アインシュタインの重力理論では、基本的な不変量は、4次元時空の中での「線素」と呼ばれる微小間隔

である。これについては、特殊相対論が成り立つので、ローレンツ・メトリックと重力理論との橋渡しができる。そこで、この微小領域は、「局所ローレンツ系」とも呼ばれる。しかし、これらの「つながり方」と世界の大局的な構造を扱うことは、特殊相対論ではお手上げとなる。

70　「等価原理」にまつわる誤解

「相対性原理」についての誤解を助長する要因は、目立ったものがもう一つある。それは、アインシュタインが重力理論に向けての歩みの中で、一つの突破口を開いた1907年の論文（傑作！）で公表した「等価原理」の理解の仕方である。この原理の中途半端な理解や、通俗的な解説が多くの人たちを誤解へと導いたのではなかろうか。アインシュタインは、1919年に書かれた手稿の中で、1907年の論文を回想し、「わが生涯の最もすばらしいアイデア」が浮かんだ様子を次のように描いている。

> ・・・電磁誘導で生み出された電場と同じように、重力場も相対的な存在であるにすぎない。**なぜなら、ある観測者が、たとえば屋根から自由落下するとしたなら、その自由落下の間、彼にとって、少なくとも自分の近傍では重力場は存在しないからである。**
> (**ECP7** doc. 31, sect. 15)

この引用文で、太字で強調したところが「等価原理」にかかわる。より正確な表現では、次のようになる。

（E）ある重力場は、座標系が慣性系に対して適当な加速運動を

している状態と、物理的に同等である。

　つまり、屋根からの自由落下は「重力場での運動」であるが、地表の慣性系から見れば「一様加速運動」である。そこで、重力場の存在と一様加速運動とは物理的に等価だと見なしてよいというのが(E)の原理である。落下している本人は「無重力」状態であるから、先の引用文では、彼にとって「重力場は存在しない」と言われた。しかも、「重力場も相対的な存在であるにすぎない」とまで書かれている。これらを全部つないで、しかるべき説明を省いたままで読まされると、またまた「相対性」についての読者の誤解が増幅される。

　では、何が誤解なのか？　(1)重力場は、実は、時空のメトリックから決まる「曲率」(曲がり方)という「不変量」に由来するものだから、「相対的な存在」ではない。(2)したがって、自由落下の場合でも「重力場は存在する」。引用文では「少なくとも自分の近傍では」と但し書きがあることに注意されたい。したがって、より正確には「あたかも重力場が存在しないかのように見える」と解説すべきである。

　アインシュタインは、自分の発想が浮かんだ情景を記述しているので、引用文のようなインフォーマルな記述をしているのである。したがって、解説をする人は、エピソードを紹介するのは結構だが、アインシュタインの重力理論本体では、(1)と(2)が成り立つことを言わないと、彼の重力理論の解説としては読者を誤解の淵に突き落としているだけである。ちなみに、アインシュタインが相対性理論の偉大な創案者だからといって、彼の言うことがいつも正しいとは言えない。彼のような偉大な物理学者でも、自分の理論を「誤解している」ことがありうるのである(彼の大きな誤解とそれからの脱却については、内井2005、98-111参照)。

　以上のような、少々難しい話を挟んだのは、「相対性」という短い言葉には、さまざまな意味と誤解がまつわることを示すためである。

「相対性」の正確な規定は、アインシュタインにさえ難しかったのだから、300年前のライプニッツに混乱や誤解があったのは、全然不思議ではない。しかし、**現代のわれわれ**は、そのような誤解をできるだけ避ける努力をしなければ、ライプニッツの動力学が、慣性、重力、および相対性を統合しうる道具立てと威力を持ちうるかどうか、推測さえできないのである。

71 慣性の法則と遠心力

　そこで、ようやく本題に入ることができる。「慣性の法則」の意義についてライプニッツの理解が不十分であったことは、「ニュートンのバケツ」という有名な例、すなわち回転運動で遠心力が発生することをドラマチックに示す例、に対するライプニッツの反応を見ればわかる。遠心力の発生には、実は、慣性の法則が深く関わっており、ライプニッツが本気で「回転運動の相対性」を言うつもりなら、「慣性の相対性」にまで踏み込まなければならないような事態となる。そして、この事態が第2部の67節で示唆した「慣性の法則を基礎づけるライプニッツ流のシナリオ」と結びついてくる。

　では、ライプニッツは「ニュートンのバケツ」で言われた遠心力の発生と、それに基づいた「絶対空間の擁護」にどう反応したのか、おさらいしておこう。クラークとの往復書簡、クラークの第四返書でニュートンの『プリンキピア』、定義8（これに続く注解でバケツの実験の詳しい議論がある）が持ち出されたが、これに対するライプニッツの返答は、次の通り、内容の乏しいものだった。

　わたしは、『プリンキピア』の定義8のうちにも、それに続く注解のうちにも、空間それ自体の実在を示す、あるいは示しうる、い

かなる論拠も見いだせない。(第五書簡、53節、Alexander 1956, 74)。

わたしがこの返答に失望したのは、ほかならぬライプニッツ自身の師匠であるホイヘンスが、回転による遠心力の発生を初めて解明した人物だったからである。そこで、以下では、「ニュートンのバケツ」の実験について（詳しくは、内井2006a、第III章を参照されたい）立ち入るよりも、ホイヘンスの業績から議論を始めたい。ホイヘンスはライプニッツの師匠だったのだから、ライプニッツがこれを知らなかったはずはない。

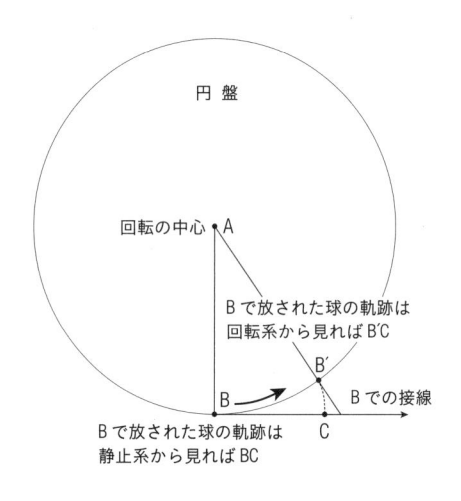

図20　回転する円盤上での遠心力

ホイヘンスは、水平な場所（地表）で等速回転する図20のような円盤を考察した（地球の重力は無視し、慣性系と見なす）。この円盤上Bの点に固定された観測者がおり、そこから持っていた小さな球を静かに放すとしよう。この球には回転による遠心力がかかるから、放された瞬間から（回転運動の拘束がなくなり）、Bの点における接線

方向に**直線の慣性運動**に転じるはずである。しかし、この運動を円盤上の観測者から見るとどうなるだろうか。ここには、見事な「相対論的思考法」が展開されている。

それを見るために、BからB′に至る部分を拡大したのが図21である。この図には、円盤上のBに見える運動と、地表の観測者に見える運動が関係づけて描かれて、Bが回転につれて刻々と移動していく位置と、地表の観測者が見る球の(慣性運動)の位置が示されている。注目すべき所は、円盤上の位置と、放された球が刻々と移動していく位置とを結ぶ「軌跡」、すなわち、Bに見える「球の軌跡B′C」であった(図20)。Bが回転してB′に達したとき、球はCに来ているので、Bから見た球の軌跡はB′Cとなった。それに対応するのが図21のB_3C_3である。いま、円盤は慣性系で回転していると仮定しているので、球は**重力で落下しているのではなく、遠心力のみで運動している**ことを銘記されたい。そして、図21に示されたような分析が、ホイヘンスの大きな発見を導いた。

回転系から見た球の軌跡の刻々の長さは
ガリレオの自由落下の場合と同じ比率で増加する
(時間間隔がごく小さいとき)

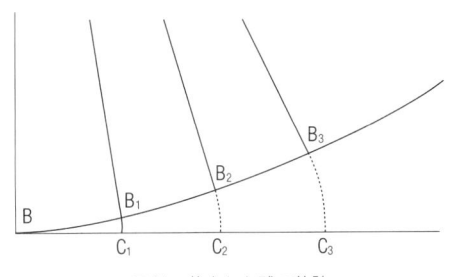

図21 放された球の軌跡

ホイヘンスが気づいたのは、図の「変化していく軌跡」(B群とC群を結ぶ点線)が、短い時間間隔で見れば、「ガリレオの自由落下と

同じだ」ということである。これによって、遠心力を「定量的に」扱う道が開けた。後知恵からすれば、遠心力のこの解明は、球を回転円盤上に「拘束しておく力」、すなわち後のニュートンが「求心力」と呼び、「万有引力」の発見の礎石となるべき力（つまり、遠心力を打ち消す力）にも転用できたはずだが、「歴史の皮肉」と「既成概念の縛り」が作用して、そうはならなかった。バーバーが引用し、ていねいに解説したとおり、ホイヘンスは、この遠心力の研究で「重力の説明を慣性によって」（そして遠心力を経由して）与えることを目指していた（Barbour 2001, 489）。それにもかかわらず、「求心力」には思い至らなかったのである。

そういう事情があるので、ここでは、**遠心力と慣性の法則との関係**をしっかりと角を立てて説明しておかなければならない。遠心力の発生を言うために、「絶対空間」は必要でない。回転運動の背景として慣性系を仮定するか、あるいは「慣性の法則」が成り立っていることを仮定するだけでよい。遠心力の発生には、「回転運動」だけではなく「慣性の法則」も不可欠なのである（図20、21から明らか）。ところが、ライプニッツがニュートンの議論に答えるためには、これに加えて「相対的な回転運動」でも遠心力が生まれることを示さなければならない。そこで、直ちに問題となるのは、「**何に対する相対的回転か**」ということ。「慣性系に対する回転運動だ」と答えるなら、問題は一段階先送りされて、「では慣性系の仮定、あるいは慣性の法則を相対的運動だけで導出できるのか」という、66節での問題提起と67節で示したシナリオの所に戻る。運動の相対性を強力に主張するのならば、「慣性運動は相対化できないのか？　もし相対化できるならいったい何に対して相対化するのか？」という問いかけが必要だったはずであるが、ホイヘンスもライプニッツ自身も、このような問題提起はしなかったのである。

そこで、後世の知識を踏まえたわれわれが解決策を模索するしかない。わたし自身の提案は、66節、図17のところで述べた観察に

基づいて、適切な「不変量」を目に見える形で残す「座標変換」をやってみることである。ホイヘンスの発見は、「自由落下運動」と「遠心力による運動」との微小領域での等価性だったのだから、「仮想自由落下の軌跡」を不変に保つ変換が求められる。これは簡単で、図21を水平線を軸にして反転してみればよい。ただし、円運動は直線に、慣性運動は円弧に変換される（相対性！）ものとする。この変換で、仮想的な「自由落下の軌道」はそっくりそのまま保存される。これで、少なくとも形の上では「慣性の法則の相対化」が想像できる。

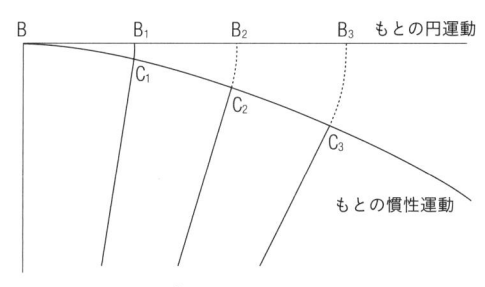

ホイヘンスの図を「座標変換」すれば？

図22　慣性運動の相対化？

　これは、もちろん、少々乱暴な思考実験である。有限だった円運動が無限な直線運動に変わり、逆に潜在的に無限だった慣性運動が円運動に変わるだけでなく、メトリックについては「しかるべく変える」といういい加減な扱い方しかしてない。しかし、「円運動と慣性運動の相対性」に加えて、「不変量」の確保は完璧である。もとの円運動は「等速運動」だったわけだから、運動の形こそ円弧から直線に変わっているが、「慣性運動としての等速性」は**質的**に保たれている。そして、微小時間内ではあるが、ホイヘンスが見つけた「円盤のBの観測者から見た仮想的自由落下」は、図22では同じように

「保存」されているではないか！　そこで、「Bの運動を慣性運動だ」と見なせば、「球の運動は重力による自由落下だ」と言ってもよいことになる（なぜなら、いまや慣性運動となったBの運動で、遠心力はないはずだから）。つまり、もとの図21の遠心力は、「慣性の相対性」を認めるなら、（局所的ではあるが）Bの座標系では重力と見なされてもよいことが、直観的にわかるだろう。

　以上の説明、「うさんくさい」、あるいは「納得しがたい」という人がいるかもしれない。そこで、アインシュタインの「屋根から自由落下する人」の例と比べてみよう。円盤上に固定されていたBが、拘束を外されて円盤外に投げ出されたとせよ。このとき、「自分は円盤に固定されていたから落ちなかったが、いまや重力場で自由落下している」とBは考えてもよい。アインシュタイン流に言えば、「遠心力による仮想自由落下と、重力場の中での自由落下とは、物理的に区別できない」ということになる。

　もちろん、ホイヘンスもライプニッツもそうは言わなかったので、歴史的には「等価原理」を彼らに帰すことはできない。しかし、わたしのこの強引な思考実験により、何かが見えてくる。もしライプニッツがこのような形で「慣性の法則」の**相対化**に踏み込んでいたとしたなら、**慣性の法則と重力とのつながりに気づいていたかもしれない**、ということである（師匠のホイヘンスはそれを探ろうとしたのだった）。これが、これまでの長い行程を経由してわたしが言いたかったことである。もちろん、この「かもしれない」は、ライプニッツ解釈ではなく、わたし自身の「知的冒険」を表現しているにすぎない。ライプニッツ学者が誰もこういう「冒険」をやってくれないので、科学哲学から越境したわたしがやるほかない。

72 ライプニッツ、重力の扱い(1)

　前節までの議論に基づき、わたしはこれまでの情報論的解釈の**延長線上**で、いくつかの「推測」を述べ、検討していきたい。まず、「第一の推測」として、前節末の「かもしれない」を検討してみよう。これが、以下の議論の出発点となる。

　(推測1) ライプニッツが「慣性の法則」の相対化に踏み込んでいたとしたなら、慣性と重力のつながりに思い至ったかもしれない。

　もう少し言い換えるなら、「遠心力と重力の等価性」に彼が気づく可能性があっただろうか、という問いの検討である。そのためには、重力に関するライプニッツの見解を押さえなければならない。そして、まず参照すべき文献は、1689年に公表された「天体運動の原因についての試論」(**著作集3**および Bertoloni Meli 1993 に収録、本書では「惑星運動論」と略記)である。

　この論文はいわくつきである。ニュートンの『プリンキピア』(1687)が出版された後、ライプニッツはこれを熱心に研究した。そして、ニュートンの惑星運動論を、デカルト由来の渦動論(惑星は渦動に乗って運ばれることになる)と近接作用の枠内で再現しようという試みを始めた。それが一区切りついたとみて書き上げたのがこの論文である。しかし、ライプニッツは真相を伏せ、「自分は旅行中で書評しか読んでなかった」という口実のもと、この論文公表に踏み切ったのである。その事情は、ベルトローニ・メーリ (1993) の徹底的な調査と研究で明らかにされている。

　それはともかくとして、いま問題としたいのは、この論文で「ニ

ュートンの求心力」相当の力、つまり「太陽からの引力」がどのように処理されたかという一点のみである。ライプニッツの惑星運動論、その概略をまず解説しておこう。(1) 惑星は、エーテルの渦動に乗って太陽の周りを回転運動する。この回転運動は「調和回転」だと仮定されるが、その意味は、「渦動の、任意の位置での回転速度が中心からの距離に反比例する」ということである。(2) しかし、惑星は、回転による遠心力で回転中心（太陽）から遠ざかろうとする。しかし、太陽からの引力により中心へ引き戻される。それゆえ、二つの相反する力の綱引きで、太陽と惑星をつなぐ「動径」の長さが変化し、円軌道ではなく楕円軌道が生まれる仕掛けとなる。(3) 問題は、「引力」がどこからどのようにして生じるかということ（簡略化した図23参照）。最後の (3) が、1689年段階でのライプニッツの「重力（引力）理論」に相当する。

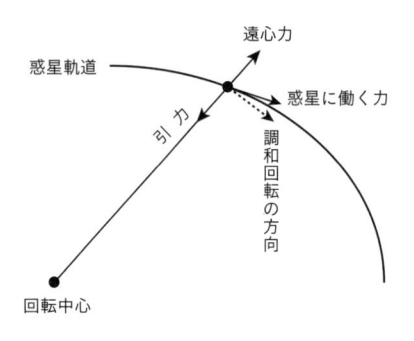

図23　惑星に働く力

(1) の調和回転について、少し補足説明しておく。ケプラー (Johannes Kepler, 1571-1630) の惑星運動に関する三法則を、読者はおぼろげにでもご存じだと思う。第一法則は、惑星が太陽の周りに楕円軌道を描くことをいう。第二法則は、「面積速度一定の法則」とも呼ばれ、太陽と惑星をつなぐ線分が単位時間ごとに描く面積が、惑

星の公転中この線分の長さに変化が生じるにもかかわらず、一定で変わらないことをいう。第三法則は、惑星の公転周期の2乗と軌道の長半径（楕円の長い方の直径の半分）の3乗とが比例することをいう。調和回転に関わりがあるのは第二法則であり、調和回転でも第二法則が成り立つのである。

さて、充満した空間内での近接作用しか認めないライプニッツにとって、惑星に働く力はすべてエーテルが及ぼす力である。まず、調和回転はエーテルの渦動だから、エーテルの力で惑星は回転する。しかし、その回転に伴い、遠心力が発生するから（ということは、この回転には慣性系が前提されている）、惑星を中心とは反対方向へ動かそうとする力（微小な sollicitatio あるいは conatus が積み重なる）が働く。ところが、その力によって中心から遠ざかろうとする惑星には、軌道の外側にも充満しているエーテルからの抵抗が加わり、逆に中心方向へと駆り立てる力も働く。これが「引力」だというのがライプニッツの見解である。したがって、中心方向には、遠心力と引力とを差し引きした力が残り、これと調和回転の力と合成したものが、惑星の運動と軌道を決める力となる。回転中心から、惑星の刻々の位置までの距離は、これら三種の力のバランスに依存して変動するので、結果として楕円軌道が生まれる。

以上の推論を、ライプニッツは微積分の道具立てを駆使して（旅行中にも）行った。計算間違いも含まれていたが、それは後に修正される。いずれにせよ、この段階では、「重力（引力）と遠心力とを同種の近接作用に帰す」という考え方が明瞭に見られるものの、慣性の法則は最初から仮定されたままなので、（推測1）に関わるようなヒントは何も得られない。しかも、この惑星運動論のメカニズムは、惑星を運ぶ渦動の面を横切るような、彗星の自由な軌道については適用することが困難で、師のホイヘンスからも批判を受けた。それにもかかわらず、ライプニッツは、すでに紹介した「動力学試論」（1695）でも、遠心力や重力について同様な説明をまだ維持して

いた。

73　ライプニッツ、重力の扱い（2）

　ところが、ライプニッツは、惑星運動論を仕上げた直後から、重力を考えるためのまったく別のモデルも考えていた。これもベルトローニ・メーリの研究（1993、155-161）に依存するが、惑星運動論の「第二稿」が残されており、その中に「斬新な」重力モデルの記述がある。エーテルの渦動に替わって、重力の伝播と光の伝播とのアナロジーが現れる（これは、現代の物理学で重力の作用を媒介すると見なされる「重力子」とよく似た発想）。

　この新しいアイデアによれば、惑星を運ぶ流体（エーテル）の代わりに、回転の中心から発射される流体（エーテル）が想定され、光の照射と同じように、「逆二乗則」（万有引力の法則では、二物体間の距離の二乗に逆比例する力が働く）が成り立つ。このモデルでは、天体のような粗大な物体には多数の「孔」が空いており、この流体がそれらの孔の中を通る。その際、回転中心から発射された流体エーテルは、その粗大な物体を照射して貫通した面積に逆比例する（言い換えれば、照射の密度に比例する）力を**中心方向**に及ぼす、というのである。現代流に言い換えると、この流体エーテルが重力伝達の媒介（相互作用）を担うことになる。ちなみに、こういう形で重力の「逆二乗則」を説明したのは、ライプニッツが最初かもしれない。図24は、ライプニッツが惑星運動論の解説と訂正を発表した論文（1705、**著作集3**）にある図（同428）を、わたしがもっとわかりやすく描き直したものである。これで要点がわかるはずである。

　この図では、同心球の中心から流体エーテルが周りに照射される。そのとき、小さな球の表面ABと大きな球の表面EFを通過する照

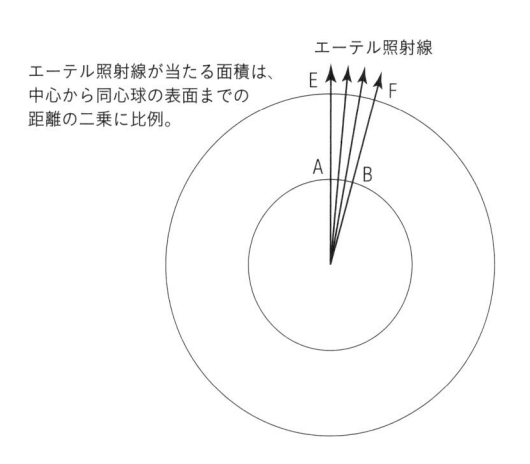

エーテル照射線が当たる面積は、
中心から同心球の表面までの
距離の二乗に比例。

図24　エーテル照射と逆二乗則

射線の数は同じである。しかし、その照射面積は、中心からの距離の二乗に比例するので、照射の密度は距離の二乗に逆比例する。したがって、このエーテル照射が重力を伝えるのなら、伝える力は距離の二乗に逆比例する。

　念のために補足するなら、ホイヘンスの「光の波動説」によれば、光波は縦波であり、進行方向に**伸張と圧縮**を繰り返す（ホイヘンスが仮定しているメカニズムは、微小なエーテル粒子による近接作用の衝突で波が伝播していくというもの。Sabra 1981, 211）。これは、進行方向とは垂直方向に振動を繰り返す横波とは振動の方式が異なるのである（ただし、19世紀に電磁波と統一された光の理論では、電磁波は横波となることに注意）。そこで、重力を伝えるエーテル照射もこの方式の縦波だと（ライプニッツが考えたと）すれば、進行方向と逆の方向にも力が伝達しうるので、エーテル照射が重力の説明になりうる可能性が生まれる（以下での、クラーク宛第五書簡からの引用も参照されたい）。すべては、このエーテルと物質との相互作用を支配する法則

次第、この相互作用の元となるモナドのプログラム次第だということになる。縦波と横波の違いについては、図25を参照されたい。

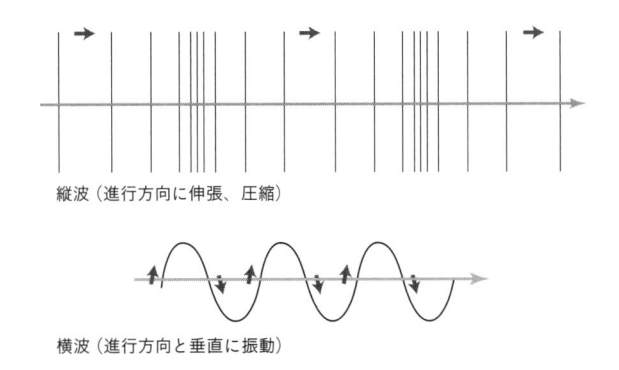

縦波（進行方向に伸張、圧縮）

横波（進行方向と垂直に振動）

図25　縦波と横波

　以上のアイデアは、惑星運動論の「第二稿」（遺稿、1689-1690頃）で初めて現れるが、以後何度か繰り返される。たとえば、ヨハン・ベルヌーイ宛の書簡（1698年11月18日、**Loemker** 513）では、次のように言う。

　ニュートンの仕事が現れるずっと以前から、わたしは重力が距離の二乗に逆比例するという見解を持っておりました。この見解には、アポステリオリ［経験的］な過程によってだけでなく、アプリオリな推論によっても到達したのです。彼がこの推論を知らないのは驚きです。重力の物理的な基盤は無視して、数学的な概念だけで考えるとき、わたしは重力とは、引力の中心から発射される照射線による力だと考えます。したがって、光の照射の密度と同様、重力の照射線の密度も、照射中心からの距離の二乗に逆比例するはずです・・・。

この引用文で、「ニュートンの仕事が現れるずっと以前から」という主張は、額面通りには受け取れないかもしれない。しかし、逆二乗則に至る推論は明快で説得力がある。重力は相互作用であるから、照射を受ける物体からも同種の逆照射があるはずだが、どちらも同じ逆二乗則に従うはずだから、何も問題はない。

　重力のこの第二のアイデアには、わたしがライプニッツの意を酌んで書き加えた「照射線」（ライプニッツの言葉では radii）と、光とのアナロジーによって、19世紀の場の理論との親近性さえ読み取れるかもしれない。図24の重力の照射線は、ファラデーの「磁力線」あるいは「電気力線」を予感させるものである。そして、この脈絡で気になるのは、ホイヘンスが唱えた「光の波動説」（光はエーテルの中を有限な速度の波として伝播する）との詳しい関連であるが、この点については、わたし自身の力不足で、まだ調べがついていない（デカルトからニュートンに至る光学の変遷については、Sabra 1981 を参照）。いずれにせよ、「電磁気学」がまだ未発達だったホイヘンスやライプニッツの時代には、19世紀に復活して練り上げられていく電磁波および光の「波動説」は、望むべくもなかったのである。

　重力の第二のアイデアに、ライプニッツは、クラークとの論争でもう一ひねりを加える。クラーク宛第五書簡で、同じアイデアが再論され、次のように続く。

というのは、水銀と水は、重さのある物質で孔がたくさんあり、その孔を通って重さのない物質がたくさん通り抜けるからである。・・・たとえば、光線や他の気づきにくい流体がそうである。とくに、粗大な物体の重力の原因となる物質も同じで、その物質がある中心から発せられて粗大な物質を通り抜け、それによってその物質を先の中心へと駆り立てる。・・・知覚可能な物質が地球の中心に向かう重力は、こういった流体の運動によって

生み出されるはずである。(Alexander 1956, 66)

　ここで、「重さのない物質」という表現が出てくることに注目しなければならない。光や、重力を伝える流体がその一例と見なされていることに驚かされる。現代物理学での「光子」と「重力子」の扱いとまったく同じではないか。「重さのない物質」とは、ライプニッツの時代には「異端」と見なされただろうが、彼の形而上学（の情報論的解釈）によれば、この可能性は十分許容される。そういった物質を現象界で生み出すモナドあるいはモナド群の「プログラム」を、他のモナドのプログラムとは変えればいいだけのことになるからである。それはともかくとして、重力が現象世界で一般的に成立するということ、つまりニュートンの言う「万有引力」と同じ性格のものだということが認められている。そして、それによって、慣性の法則と重力の法則は、ともに、現象世界で普遍的に成り立つという共通の身分を与えられているのである。

　ライプニッツの重力の扱いがこのように改訂された理由は、われわれにもある程度推測できる。最初の渦動エーテルによる説明が難しかった、彗星の自由な軌道に対しても、この第二のモデルは適用可能となる。なぜなら、基本的には太陽と彗星の二体間（つまり、彗星を運ぶ渦動を想定せずに）の引力と彗星の初期条件（太陽の引力に捕捉された際の条件）とから、彗星の軌道計算ができるようになるからである。

　では、本題に戻って、この改訂された重力論に、わたしの〈推測1〉に関わるようなものが含まれているだろうか。一つの有力な候補は、当然「重力の伝達を担うエーテル照射」である。現象世界は、何度も言うように、ライプニッツにおいては物質で充満した世界であるが、その中を、いまや重力のエーテル照射が縦横に駆け巡っているのである。アインシュタインの重力論を知っている現代のわれわれには、これが「慣性の法則」（当然、内容は変わってくるが）とつなが

りそうなことがわかる。かいつまんで言えば、時空の構造は物質（運動量とエネルギー）との相互作用（重力場の方程式）で決まり、その結果生じる「測地線」（空間的には最短経路だが、時空間隔で考えると最長となる）が「慣性運動」を一般化したものとなる。つまり、「慣性の法則」を一般化したものは、重力を決める時空の幾何学的構造と不可分になる。もっと具体的な例で言えば、太陽の周りの「テスト粒子」（重力場の影響のみを受け、質量は微小で無視できる粒子）の軌道は、太陽の質量が圧倒的に大きいので、太陽の周りの重力場における一つの測地線に沿った運動となり、「新しい意味での慣性運動」の一つとなる（内井2005、第5章を参照）。太陽が球体だとすれば、このテスト粒子は、太陽と平行で適切な初速を持つ場合には円軌道を描く。この粒子が置かれている「状況」次第で、重力場での「自然な」運動は曲線にも、直線にもなりうる。

　アリストテレスの物理学では、天体の「自然な運動」は円運動だったことを想起されたい。ガリレオは、おそらくそれに引きずられて「慣性運動」を地球の円周に沿う円運動と見なした。ところが、デカルト、ホイヘンスやニュートンでは、「自然運動」は直線的な慣性運動と見なされた。こういった大まかな歴史を見ると、ライプニッツが「直線的慣性運動」にこだわる必然性はなかったはずなのである。もちろん、これは、われわれの「後知恵」で言えることにすぎないのだが。

　いずれにせよ、ライプニッツに戻れば、依然として「慣性」と「重力」とのつながりに着目した節は見られない。そもそも、「慣性の法則」の基礎づけの話が出てこないのである。唯一の手がかりらしきものは、光線や重力を担うエーテル照射の「経路」、「軌跡」である。これらは「状況分析」の対象となるので、67〜68節で示したシナリオに戻って「世界の状況全体の軌跡」を決める法則に遡るしかないことになるのだろうか？

　しかし、これであきらめるのは早計である。実は、一つの大きな

収穫があった。それは、ライプニッツが光線と重力照射をほぼ同等に扱っていることから、光の伝播は「**最適経路をとる**」という法則が「重力伝播」にも成り立つという見込みが出てきたことである。光の運動と、質量のある物質の運動はもちろん相対論でも異なるが、ここでは「最適経路」を問題にしていることを注意されたい。したがって、「状況全体の軌跡」が(人間には)不明でも、「慣性運動」の経路として「直線」にこだわる必要がないことだけは、前述の「テスト粒子」の例で明らかである。ライプニッツは、晩年においても「直線」の定義に苦労していたことをすでに指摘したが、直線にこだわらず「最短」あるいは「最適」に切り替えると、彼の「距離」の定義はそのまま通用したのである(59節参照)。したがって、これが見えたなら、ライプニッツは「慣性運動」の定義も見直したはずであろう。

　さらに、慣性運動のもう一つの側面、「等速運動」の必要性についても、別の見通しが開ける。改訂された意味での「慣性運動」に、等速性は必要でない。時空の中で、その幾何学構造のみに依存する最適経路をたどる運動は、「最適運動」ではあっても「等速運動」ではない。たとえば、太陽の重力場での垂直な「自由落下」は、(垂直方向の測地線に沿った)加速運動である！　したがって、「等速性」は基礎づけ不要となる。「最適性」は、形而上学と動力学をつなぐカギで、慣性運動の「直線性」も「等速性」も前提しない概念であるから、「循環論法」あるいは「論点先取」の嫌疑は晴れることになろう。ただし、古典的な慣性の法則が、地球上や、宇宙空間の広い範囲で(近似的に)成り立っていることまで否定する必要はない。現代宇宙論によれば、われわれの宇宙は、大局的に「曲率」がゼロに近い(つまり、平坦に近い)ので、大きな星やブラックホールから遠い所では、「測地線」はほぼ直線になる。つまり、慣性の法則は「基本法則」ではなくなり、近似的な派生法則に身分を変えて存続しうる。

　以上の推理をまとめてみよう。ライプニッツの「ありえた」慣性運動の再定義では、その運動は、現象世界の幾何学構造(時間も「運

動の軌跡」による空間的表現を通じて考慮に入る）のうちで最適経路をたどり、直線である必要はなく、等速である必要もない、ということになる。これによって、わたしの（推測 1）で述べた「慣性の法則の相対化」が立派に成り立っていることになる！　古典力学の慣性の法則が唯一のものではなく、世界の構造に応じたもっと一般的な「慣性」の対応物がありうるのである。つまり、「慣性の法則」の「相対化されたもの」とは、**世界の全体に相対的に**決まり、世界の外に仮定された絶対空間や絶対時間に依存するものではない。この文脈での「相対化」は、もちろん、不変構造を前提し、それに依存するが、ライプニッツの場合、それは、最終的にはモナド界の情報、不変構造で保証されている。この第 3 部冒頭、69 節で論じたように、「同じもの」が見かけや表現を変えても、不変なまま残るというのが「相対性」のポイントであり、「相対性」は「何でもあり」と誤解されてはならないのである。

74　ライプニッツ、重力の扱い（3）

　前節で（推測 1）について、重要な理由づけは出ているのであるが、ライプニッツの重力の扱いには、まだもう一つ別の重要な側面があるので、それを補足しておく必要がある。ライプニッツの物理学は、1670 年代から展開されてきたのだが、晩年に至るまで、「弾性」にきわめて大きな重要性が認められている。これも、ベルトローニ・メーリが先行研究を踏まえて追跡し、同時代人でライプニッツほど「弾性」を重要視した哲学者はいないと主張している（Bertoloni Meli, 1993, 55）。本書の第 1 部でも、弾性が物質の「内部エネルギー」を言う際に決定的な役割を果たし、かつ現象界での物質の「相互作用」が、あらゆるレベルで「弾性衝突」を通して行われる、というライプニ

ッツの見解を見た。そして、ここで指摘したいのは、さらに、ライプニッツは「弾性」と「重力」をも関係づけようとした、という事実である。

弾性が物質とエーテルの相互作用で説明されることは、本書の第1部でも予告したが、それに加えて重力の説明にも同様な手法が使われる。したがって、前節で検討した「重力の第二のアイデア」は、1690年頃に突然現れたものではないのである。ライプニッツが若いときには、「世界全体が弾性的であり、重力と弾性は名前が違うだけだ」という主張さえある（Bertoloni Meli, 1993, 53）。では、このような主張を、18節でみた「部分に固有の活力」（内部エネルギー）の考えと結合すればどうなるだろうか。これが、わたしの第二の推測の根拠となる。

（推測2）ライプニッツの現象世界では、物質の分布に応じて活力の分布も生じる。そして、すべての階層で弾性衝突が物質の相互作用を担い、活力の分布、そして弾性力の分布も変化していく。このような分布とその変化が重力のもとである。

「世界の弾性としての重力」という、若きライプニッツのアイデアは、壮年期の「重力の第二のアイデア（重力照射）」、および晩年にいたって重要な結実を見せた「状況分析」と統合すればこうなるのではないか、というのがこの推測の意味である。おそらく多くの人々は、「これはアインシュタインの重力理論を踏まえた、後知恵による再構成にすぎない」と批判するだろう。それは承知の上だが、「わたしの推測」を覆すものではない。現在の文脈で、わたしはライプニッツのテキスト解釈をやっているのではなく、彼の存命中には多くの点で未完だった動力学の「可能な射程」、「潜在力の大きさ」を探るための推測を行っているのである。しかも、この推測で使われた概念は、すべてライプニッツ自身の概念であるか、あるいはそれ

を現代風に言い換えただけにすぎないものである。「物質の分布」とは「世界の状況」のこと（しかも、状況が変化するにつれ、物体の相対的な位置が変わるので、物体がもつエネルギーの分布も変わる）、「活力（エネルギー）」と「弾性力」はライプニッツのお気に入りの概念にほかならない。そして、「状況」の概念を通じて、ライプニッツが「世界の幾何学的構造」について語ろうとしたことも、すでに確認ずみである。科学哲学の研究者として、これらの道具立てを組み合わせたとき、どんな理論が可能になるかを探究することは、当然の務めである。

それでは、この（推測2）のもとでは、どのような重力理論が可能だろうか。世界には、活力が「弾性力」の形で蓄積された領域がいくつもあるはずである。そのような領域内、あるいは近傍では「弾性的な歪み」ができている。そこで、ある物体がそこを通るときには、その歪みの中心からのエーテル照射（重力照射）により、その物体の経路が（逆二乗則によって）拘束される。これが重力の作用であり、古典的な慣性運動は、その特別な場合、すなわち「弾性的な歪み」がない領域での運動となる。20世紀後半、重力理論研究で指導的な役割を果たしたホイーラー（J. A. Wheeler, 1911-2008）の有名な格言がある。「空間は物質にどのように運動すべきか指示し、物質は空間にどのように曲がるべきかを指示する」（Misner et al., 1973, 5。もっと一般向けの解説は、Wheeler 1999）。これは、アインシュタインの重力理論のツボを言い表したものだが、いまわたしが記述した「ライプニッツの可能な重力理論」にもほとんどそのまま当てはまりそうである。

念のために注意しておくが、本書第1部で述べた「ライプニッツでは弾性衝突が物体間の基本的相互作用だ」という解説は、**エーテルの作用にも無限に拡張されること**を銘記しておかなければならない。たとえば、ヤーコプ・ベルヌーイ宛の手紙（1703年12月3日、**GM3** 81）で、ライプニッツは次のように述べる。

わたしは世界のすべての物体が弾性的だと考えます。しかし、それは物体がそれ自体で弾性的だというのではなく、物体相互の間に流れるエーテルによって弾性的なのであり、エーテルもまた弾性的な部分を持ち、と、この事態は無限に続くのです。
(Bertoloni Meli 1993, 55 に英訳あり)

以上のように、ここでもまた「リカージョンのリカージョン」が現れる。ライプニッツの「弾性」は、道具立ては古いのだが、使い方、他の概念との組み合わせ方次第では、現代の重力理論に近いものにまで拡張可能な「潜在力」を持っていた、と推測できる。ただし、ベルヌーイ宛のこの手紙では、重力の改訂モデルで導入された「エーテル照射」のアイデアは入っていない。そうすると、「弾性衝突」という相互作用と「エーテル照射」による相互作用とをいかに調停するか、それとも統合するかという新たな問題が生じる。したがって、ここにも、また、ライプニッツ動力学の新たな課題が残されていたのである。

75　ライプニッツの動力学、一つの展開形

以上、わたし自身の「知的冒険」として二つの推測を提示してみたが、二つを合わせて統合すると、ライプニッツの動力学の、一つの「可能な展開」の形が見える。他の可能性もまだありうるだろうが、それは他の方々に任せることにして、わたし自身の情報論的解釈から見えた姿をまとめておこう。

(1) 形而上学は基本的に情報の理論であり、モナドの状態遷移

がモナド界の種々の不変情報を決める。不変情報のうちで最も重要なものは、状態の順序と順序ごとの世界状態である。そして、すべての不変情報は保存される。

(2) モナドは無数の組織体となっており、それぞれの組織体には組織全体を支配する最上位モナドが一つある。このモナドのプログラムがそれぞれの組織すべてを統括する。

(3) これらの組織体は、現象界でコード化されて表現され、時間と空間の中での物体となる。その際、世界状態の順序が時間の基盤となり、組織体の間の関係が物体の同時的秩序、すなわち状況の基盤となる。これらの基盤からコーディングによって、量的時間と量的空間が生まれる。コード化には、論理的には大きな自由度がある。しかし、前述の順序、秩序、コーディングはすべて神の最適設計の対象であり、しかるべき最適原理に支配されている。

(4) そして、その最適設計に基づいて実現され、存在するのがモナド界であり、現実の現象界である。ただし、組織体を形成するモナド（アニマ）にみえる現象は、モナドのグレードごとに異なる。モナド界の不変構造は、グレードごとに違った現象に変換されて見えるはずである。そのことの帰結として、同じ不変構造の基盤に対し、見る者に応じて異なる時空のメトリックが付与される可能性が開かれている。

(5) 光（情報伝達）の速度に関する原理を追加するだけで、ライプニッツの動力学は簡単に「特殊相対性理論」相当の理論に拡張でき、質量とエネルギーの等価性を言うための道具立ても、弾性に依存する「部分活力」として備わっている。

(6) ライプニッツのデモンの可能性は、(4)により、特殊相対論のメトリックをモナドのグレードに応じて複数設定することで擁護されうる。

(7) 慣性の法則と重力の扱いにおいて、ライプニッツの動力学

は「未完」であった。しかし、晩年に得られた「状況分析」の成果と、若年、壮年時代にすでにあった重力についてのアイデアを調整して統合できる可能性はあった。

(8)「慣性」については、「慣性の法則の相対化」にまで踏み込んでみれば、慣性と重力とのつながりが見えたかもしれない。もちろん、それには重力理論の整備が前提となるが。

(9)「重力」については、惑星運動の「渦動モデル」を変更し、重力伝播の担い手としての特殊な「エーテル照射」が導入されていた。これは仮想的なモデルの域を出ないが、それでも「重力の逆二乗則」を簡単に導出できるものだった。

(10) 光の伝播と重力の伝播とのアナロジーに気づいていたライプニッツは、「エーテル」概念に依存してではあるが、「充満した世界」のイメージのもとで、19世紀の「場」の理論に近いアイデアを持っていたかもしれない。

(11) ライプニッツの動力学を、その基礎である形而上学から見ていくと、彼自身が十分に使いこなせていなかった豊かな潜在力が見えてくる。その最たるものは、「最適化原理」である。「慣性」、「重力」、「運動の法則」のいずれについても、この「最適化原理」と「コーディング」を組み合わせることで、驚くほど柔軟性に富む理論構築が可能である。

(12) もちろん、そのためには「解析力学」のような手法が必要だっただろうが、「運動とは状況の変化である」というライプニッツの定義のうちに、そのような手法の「種」がすでに含まれている。一つの動く点の軌跡だけでなく、物体の軌跡も考慮した晩年の「状況分析」は、「多数の点の軌跡」を一挙に扱える可能性を示唆していた。これを、「世界の状況全体」に拡張すれば、「世界全体の運動の軌跡」が語れたのである。ライプニッツ自身には「(現象)世界全体」をこのように扱うことにはためらいがあったようであるが。

(13) さらに、「動力学の幾何学化」というアイデアも、先の定義のうちに含まれていた。状況分析は基礎的な幾何学（メトリックは任意）であり、運動は「運動の軌跡」という空間的対象（同時存在）に変換して、空間的表現のうちで扱えるのである。

(14) そこで、わたしが(12)と(13)を援用した二つの推測で示唆したのは、ライプニッツが古い概念と道具立てを用いたにもかかわらず、彼の力学はアインシュタインの重力理論（いわゆる「一般相対性理論」）と「質的に類似した」動力学となりえた、ということである。絶対時空や慣性系のような「外枠」に依存せず、モナド界の（質的な）不変構造から、現象世界の時空のメトリックも含めた、動力学の法則が生み出されるという構想をライプニッツは持っていたのである。

第 19 章

ライプニッツ哲学の一元的解釈に向けて

76　ライプニッツ哲学の統合

　本書で試みたのは、ライプニッツの形而上学を「情報論的に解釈する」というだけではなく、この解釈を活用して「形而上学と動力学を統合しよう」とすることでもあった。このような「統合」の試みに対しては、懐疑的な見解がライプニッツ学者の間ではかなり強いように見受けられる。そこで、話題を「形而上学と動力学の統合」に限定した上で、「統合懐疑論」に対して反論しておきたい（本書では、ライプニッツの「心の哲学」や「神学」にまで立ち入るつもりはない）。

　懐疑論の代表的な論者はダニエル・ガーバーで、彼は1980年代から一貫した論陣を張っている。たとえば、「ライプニッツと物理学の基礎」（1985）という論文で、彼は20世紀初頭のラッセルやクチュラの見解を取り上げて、次のように批判する。

　ライプニッツの思想を論理学から導かれたと見るのは、歴史的な主張としても哲学的な主張としても、間違いだとわたしは考える。こう言うのは、ライプニッツにとって論理学が重要では

なかったという意味ではない。論理学はもちろん重要だったし、彼の多くの議論や哲学的な見解の一つの源泉でもあった。わたしが言いたいのは、むしろ、ライプニッツの思想は、なんであれ一つの源泉から導かれたものではないので、論理学から導かれたものではない、ということである。(Garber 1985, 73)

ガーバーによれば、ライプニッツの哲学は「互いに関係し合い、反映し合うような見解、原理、および議論の複合体」である。そこで、彼が提唱するのは、「むしろ、これらの領域がライプニッツの思想の中でどのようにつながっているかを見るべきである。彼の思想は、ミシェル・セールの適切なイメージを借りるなら、鎖よりも網のようなものである」ということ(同所)。しかし、わたしに言わせれば、このような言い分は、「議論」や「解明」というよりは、「レトリック」や「キャッチフレーズ」の類いである。「何と何がどのように関係し合っているか」を具体的に分析して解明してくれないと、このような「提唱」に説得力は生まれない。ここで言及したガーバーの長大な論文は、引用文と哲学史が豊富で圧倒されるが、ライプニッツの**動力学と形而上学の間の関係**について、わたしは学ぶものが少なかったと白状しなければならない。彼の十年後の論文(Garber 1995)で、その点は改善されているのではあるが、依然としてライプニッツの力学テキストの解説がメインであって、物理学そのものに立ち入る姿勢は乏しい。

　もう一つ、同じような主張を紹介しよう。本書では、これまでにベルトローニ・メーリの研究から大変多くのものを学び、参考にしてきたのであるが、ライプニッツの哲学の「統合」については、ガーバーと同じような主張が出てくる。

彼の体系は、多くのテーマと学問分野の間の異常なほど複雑な相互作用に基づいており、これと特定できる中心はない。数学も、

論理学も、形而上学も、神学やその他の分野も、どれも体系全体の基礎だと見なすことはできない。(Bertoloni Meli 1993, 78)

このような主張にもかかわらず、彼は「多くのテーマと学問分野の間の異常なほど複雑な相互作用」の詳細を、惑星運動論については立ち入って調べた。それが、ライプニッツ研究における彼の重要な貢献となったのである。そして、皮肉なことに、わたし自身は彼の仕事から、ライプニッツの動力学と形而上学を統合する解釈を求めるための、重要なヒントを多く得られたのである。

では、最後にもう一度ガーバーに戻って、彼の新しい著書での見解を見よう。この著書で (Garber 2009, 384)、彼は『モナドロジー』について同じような主張を繰り返す。

ライプニッツは、ある種の形而上学的議論によって、単純な実体すなわちモナドがすべてのものの基礎になければならないと確信した。しかし、物体が正確にはどのようにモナドの世界に基礎づけられなければならないかについて、十分な解明はしなかったのである。この問題は、デ・フォルダーとの文通、およびデ・ボスとの文通、さらにこの時期の他のテキストでのテーマだったとわたしはみなす。そして、この問題について、「これがライプニッツの解決策だ」と言えるような単一の説はない、とわたしは主張する。テキストを通じて、違った筋書きが何度も現れるが、ライプニッツは自分に十分満足のいく答えにたどり着いたことはない、とわたしは考える。

以上の引用文に含まれる「事実命題」について、わたしは苦情を言うつもりはない。しかし、ここで申し立てられた事実から、われわれ解釈者がライプニッツの試みやテキストについて、一元化できる「統合解釈」を求めるべきではない、と結論できるだろうか。ガ

ーバーも、ベルトローニ・メーリも、事実上「ライプニッツのテキスト全部に合致するような解釈を、わたしは見つけられなかった」と言っているにすぎない。どだい、「すべてのテキスト」をすくい上げる解釈なんぞを求めるのがそもそもの間違いである。ライプニッツほど厖大な遺稿を残した人物が、ときに矛盾するようなテキストを残したとしても、何の不思議があろうか。また、クラークのように、ライプニッツの学説を十分に理解しないまま、「この学識豊かなお方の見解には、いくつもの矛盾が含まれている」と言い立てたコメントに、いったいどれだけの値打ちがあるのか？

　われわれ解釈者の「責務」、やるべきことは、ライプニッツのテキストに基づいて、「最善の解釈」を拾い出す、あるいは「再構成する」ことだとわたしは考える。つまらない思想家なら、おそらく、そのような手間のかかる作業に値しない。しかし、ガーバーのように、何十年もの研究をライプニッツに捧げてきた人なら、ライプニッツが「つまらない思想家」だとは夢にも思っていないはずである。わたしのライプニッツ研究歴はせいぜい十年余だが、彼の思想の幅広さと深さに魅了されてしまったひとりである。そこで、当然、「ライプニッツにはこれもある、あれもある」といった類いの解釈では満足できず、「できるだけ内容豊かな統合的解釈」を目指したいと思う。ライプニッツをそのように扱わずして、いったい他のどの哲学者がその努力に値するだろうか。

　以上、わたし自身の「研究スタンス」を明らかにした上で、本書で展開してきた「情報論的解釈」に戻ろう。この解釈の概要を前節ですでに要約したが、この「全体像」のうちに「不整合」や「矛盾」が含まれているだろうか。わたし自身は「含まれていない」と自信を持って言える。それは、わたしが自分の判断で、「ライプニッツの形而上学と動力学を統合しようとするときに障害となりうるような彼の見解」を意図的に切り捨てたからである。たとえば、「慣性運動」の取り扱いには、ライプニッツの「直線運動」に対する偏好と「相対

性」についての不徹底があったことを指摘し、それを修正する道を示した。そういった作業をおこなって、整合性を確保したつもりである。

　では、この要約のうちに「ライプニッツの形而上学と動力学を統合できる」と言うだけの根拠は含まれているだろうか。これについては、「まだ十分とは言えないかもしれない」と謙遜しておこう。しかし、「これまで誰も展開しなかった統合的解釈の概要を、曲がりなりにも示している」ことは、強力に主張したいと思う。もちろん、「言葉にうるさい」人は、「どういう意味での統合か？」と追及してくるに違いない。そこで、前節の要約で示唆されている「統合」の意味を解説しておこう。

77　統合のかたち

　まず、『モナドロジー』は、全体が「要約的」なスタイルで書かれた短い作品ではあるが、その内容は「ライプニッツ哲学の統合と、その統合の基盤を明示する」宣言、マニフェストだと読める。動力学の著作でも、動力学の法則は形而上学に基礎づけられなければならないとたびたび主張されていたが、その「基礎」あるいは「基盤」を明らかにするはずの形而上学は、第1部で論じたように、三段階を経て展開された。そして、『モナドロジー』は、使われている用語や概念は「古くさい」ようだが、実際は現代の情報理論に相当する、きわめて斬新な形而上学だった。これは、「実在」たるモナド界の存在論（組織化されたモナドの「細胞オートマトン」を含む）だけでなく、モナド界の状態遷移の法則と遷移の順序という「不変構造」を核とする。モナド界の順序ごとの「世界状態」は、状況分析の対象となる「現象世界での物体の配置」と幾何学構造に変換される。その変

換は、もちろん神による「コード化」である。ライプニッツにこの「言葉」はない。しかし、「モナドが知覚によって同一世界をそれぞれに表現する」という主張、モナド界の活動から「現象」が生み出され、「よく基礎づけられた現象」とそうでないものが区別されること、「原初的力と派生的力」の関係、そしてモナド界と現象界には各種の「部分的同型関係」が成り立つという主張などは、すべて「コード」で解釈するのが最善である。「違う」と言う人は、第1部、第2部でわたしが示した成果と同等以上のものを、自分の流儀で出してみて、是非披露してもらいたい。

一言で要約すれば、『モナドロジー』の情報理論は、現象界についての科学理論を統合するための基盤であり、ライプニッツによれば最も基礎的な科学理論である動力学を最終的に基礎づける基盤である。動力学の「枠組み」だと見なされてきた空間と時間も、同じ基盤に関係づけられる。これだけでも、ニュートン力学においては「無い物ねだり」だった「力学（運動の法則）と空間（幾何学）と時間（量的変化の基準）すべての統合」である。この文脈では、「統合とは、コーディングによって同一の基盤に還元する」ということになる。これは、ライプニッツがまさに目指していたはずのものだ、とわたしは考える。

動力学に話を限定するなら、事実問題として、ライプニッツは動力学の法則をすべてモナド界の基盤に関係づけたわけではないし、空間と時間をモナド界の基盤から「導いた」わけでもない（その点で、わたしはガーバーの言い分に同意した）。彼は、そのような還元の「シナリオ」を描いたにすぎない。しかし、このシナリオは「還元、あるいは統合のシナリオ」であった。彼のプロジェクトが、彼の存命中には完成しなかったことをもって、「彼のシナリオは統合のシナリオではなかった」と言い立てるのは、明らかに不当である。これは、言葉のすり替えであって、論証にはなっていない。

本書第2部では、デ・リージの研究を紹介し、ライプニッツが「状

況分析」を介して空間論と基礎的な幾何学を形而上学に基礎づけようとしていたことを見た。動力学と時間論については、わたし自身が情報論的解釈をもとに、形而上学的基礎づけのシナリオに、ある程度目鼻をつけた。わたしが本書で行ったことは、「ライプニッツのシナリオ」はそのままにしておいて、そのシナリオにどの程度までディテールを埋めていって完成させうるのかを示すことだった。それが、どの程度の射程を持ち、どの程度の潜在的な力を持っていたかは、すでに見ていただいたとおりである。「諸学の統合」は、いわば「見果てぬ夢」のようなもので、決して完成しないものかもしれない。しかし、現代の物理学者が「究極の理論」を目指すのと同様、ライプニッツもこの「見果てぬ夢」に賭けていたことは、間違いないはずである。

　有限な認識能力しかない人間には、現象界の全体を見渡す力はない、とライプニッツは認める。ライプニッツが「デモン」を持ち出したとき、これが前提されていることは明らかである。それゆえ、人間が「究極の動力学理論」に到達することはできないことも彼は認めるであろう。しかし、ライプニッツは、他方で、動力学の基盤たるモナド界を語るときは、創造主、「究極のプログラマー」たる神を前提して、モナド界の全体について語る。そこには、「不変構造」が無時間的に存在しているのである。したがって、それに基礎づけられるはずの動力学理論には、その不変構造を再現してみせるという「目標」が課される。これら二つの「相反する」語り口をつなぐのが「見果てぬ夢」だったのであろう。実在は変わらぬ構造で常に存在しているので、有限な存在者の知識は決して完成はしないにしても、「究極の理論」に少しずつ接近していくことはできる。これが、ライプニッツの「統合のシナリオ」ではなかっただろうか。この「目標」を設定し、モナド界と現象界の「あるべき」対応のシナリオを描いたのが『モナドロジー』であるから、これが「統合」の中心に来ることは、間違いがない。

78　神の「コード」をどう解読するか

　空間と時間を天下りで前提したニュートンの力学と違って、ライプニッツの動力学は、未完ではあったが、随所で驚くべき「柔軟性」を示していた。第2部から第3部にかけて示してきたように、20世紀の「特殊相対論」にも簡単に対応できるだけでなく、わたしの「推測」経由ではあるが、アインシュタイン流の重力理論にも対応できそうな「懐の広さ」を持っていた。この柔軟性のもとは二つある。一つは、わたしが全編を通じて強調してきた「コーディング」である。他方、実体界では不変構造と保存則が成り立っており、これら二つが絶妙なコンビネーションを形成して、「確固とした基盤の上で柔軟な対応が可能」という、ライプニッツ動力学の特徴が生まれている。

　実体界と現象界という、まったく異質な二つの領域をつなぐ（そして、部分的同型対応をつける）ことは、何度も述べたようにコード化なしでは不可能である。そして、実は、前節で述べた「現象界全体を見渡す」ことの難しさとともに、「コードの解読」という、人間にとってはもっと難しいかもしれない課題が立ちはだかっている。

　わたしの情報論的解釈は、この「コード」の必要性に気づいたところから出発した (Uchii 2009)。したがって、本書を締めくくるに当たっては、「コード解読」の問題を取り上げて、ある程度の見通しを示しておくことが欠かせない。ライプニッツ自身には「コード」という言葉はないが、すでに第1部で指摘したように、「コードの必要性」は、言葉のあるなしにかかわらず、「論理的に否定できない」ことを銘記されたい。この「最強の論拠」を拒否することは不可能である。

それでは、まず、「コード」がどこで介入したか復習しておこう。

(1) 個々のモナドの「状態」は、同じモナド界全体のそれぞれの観点からの「知覚」である、あるいは同一世界を「表現する」と言われたとき、「コード化」が入っていた。簡略な表現で、世界状態を W とすれば、モナドの知覚（状態、世界の表現）は $R(W)$ となり、R が変換の関数、すなわち、このモナドにとってのコードである。また、このモナドに「現象」を見る能力があるなら、さらに、世界状態、あるいはその知覚を現象に変換するコードが必要となって、$Ph(W)$ あるいは $Ph(R(W))$ という形になる（「知覚≠現象」であることに注意）。

(2) そして、現象への変換の関数 Ph のうちに、そのモナドにとっての空間と時間のメトリックも入って、量的空間（幾何学）と量的時間が現象界で成立した。このようなコーディングには大きな自由度があるので、モナドのグレードに応じたコードと、それに対応した時空のメトリックが複数可能で、同一のモナド界が現象界では異なる形態で複数可能となったのである。これが、ライプニッツの動力学の「柔軟性」を象徴している。

さて、われわれ人間のように、有限の認識能力しか持たない存在者は、（ライプニッツの場合は）神によるこのようなコードを、どのように解読すればよいのだろうか。一般的な方針はすぐわかる。

(3) それは、現象世界を研究し、なかんずく動力学の研究によって現象界で成立している法則性を解明していけばよい。運動法則を知り、時空の構造を知り、物体の構造を解明し、物体の相互作用の実態を明らかにする、という通常の科学的探究が不可欠となる。そして、それは、現象世界を説明

できる理論を、経験に基づいて構築するという作業となる。実際、ライプニッツの動力学の企ては、その一環として行われたはずである。

(4) ここで、「経験に基づいて」というフレーズが重要である。経験、すなわち現象をまず見ないことには、神のコードはわかりようがない。現象の少なくとも大きな部分は「神からのメッセージ」(もちろん、モナド界を経由して)をコード化したものにほかならない。そこで、ライプニッツは「形而上学的経験主義」と呼びうる立場をとることがわかる。「コード化された情報」をまず集めないことには、コード解読が不可能だからである。

(5) 他方、理論構築には、適切な概念を選んで経験的な規則性を定式化し、できるだけ基本的な法則へと遡っていかなければならない。たとえば、慣性の法則、衝突の法則、あるいは重力の法則など。そして、ライプニッツが何よりも強調したのは「活力の保存」という「保存則」だった。わたしが繰り返し述べてきたように、これはモナド界の保存則(情報の保存)と直結している。「運動量」ではなく、「活力」に着目したのがライプニッツの慧眼だった。もちろん、これは「コード解読」の有力なヒントとなる。形而上学が、適切な概念選択のヒントを与えているのである。

(6) 同じ脈絡で、忘れてならないのは「最適化原理」の活用である。現象のコードを解読するために理論を構築する際、もちろん試行錯誤が必要なことは言うまでもないが、ライプニッツの形而上学に従えば、「最適化原理を使え」という方針が直ちに出てくるはずである。最も野心的な使い方は、世界全体の運動を支配する法則をこの原理を使って求めることであるが、それがかなわない場合でも、個別的な現象に即して使ってみる手もある。ライプニッツが「光の経路」

についてそうしたことはすでに紹介した。そして、動力学全体についても、68節でこの方針が使えることを示唆した。もちろん、これは単なる一般的な方針で、細部を練り上げるのは大変で、(5)との連携が不可欠である。

(7) 以上のような理論構築と、経験的な（つまり、現象による）検証が、当たり前のことではあるが、コード解読の必要条件である。ここまでは、科学哲学の一般論と、ほとんど何も変わりがない。しかし、ライプニッツの場合は、まだ先があって、「モナド界のプログラム」解読の課題が残る。「ライプニッツのデモン」のところ (64節) で述べたように、この解読がない限り、デモンの「予測」は不可能である。そこで、ライプニッツが設定した「科学の目標」は、通常の物理学者の「夢」よりも長い射程を要求しているように見える。ただ、最近では「宇宙全体のプログラム」のことを語り始めた科学者もいないわけではない。さらに、物理学や宇宙論に「情報」の観点を取り入れた成果も、前世紀の終わり頃からいくつか見られるようになってきた（たとえば、Wheeler 1998, Smolin 2001、サスキンド2009などを参照）。こういった流れがどこへ向かうのか、わたしにはわからない。しかし、ライプニッツの形而上学が、このような新しい流れを300年以上前から「予測」するかのような「ヴィジョン」を示していたことに驚かされる。

あとがき

　本書の出版は、中央公論新社の郡司典夫さんにご尽力いただいて実現した。また校正を担当した小泉智行さんには、綿密な調査とチェックによって多くの誤記や不備（わたしのラテン語誤訳も含め）をご指摘いただき、そのおかげで本書を改善することができた。『モナドロジー』の現代への活かし方については、昨年の秋から冬にかけて、Jonathan C. W. Edwards さん（UCL 名誉教授、イギリス）とメールでの「スパーリング」（往復6ラウンド）を行い、互いの解釈を戦わせた。それによって、ライプニッツが量子力学の解釈にまで通用しうるという示唆を得た（その展開は今後の課題）。また、イタリア人学者名の読み方については、郡司さんと京都大学の伊藤和行さんに教えていただいた。以上の方々に感謝！

2015年12月22日
内　井　惣　七

文　献

1. 邦語文献

エイトン、E. J.（1990）『ライプニッツの普遍計画』渡辺正雄ほか訳、工作舎、1990年［Aiton 1985 の訳、ライプニッツの優れた伝記］

ライプニッツ『人間知性新論』米山優訳、みすず書房、1987年

モファット、J. W.（2009）『重力の再発見』水谷淳訳、早川書房、2009年［元祖、光速可変理論］

ニュートン、I.（1979）「自然哲学の数学的諸原理」、『世界の名著 ニュートン』河辺六男訳、中央公論社、1979年［科学哲学徒には必読文献］

中込照明（1998）『唯心論物理学の誕生』海鳴社、1998年［ライプニッツのアイデアを物理学に取り入れた希有な研究］

大栗博司（2012）『重力とは何か』幻冬舎新書、2012年

――（2013）『大栗先生の超弦理論入門』講談社ブルーバックス、2013年

酒井潔（2008）『ライプニッツ』清水書院、2008年

下村寅太郎ほか監修（1988-1999）［**著作集**と略記］『ライプニッツ著作集』10巻、工作舎、1988-1999年［日本のライプニッツ研究者には必読文献］

スモーリン、L.（2007）『迷走する物理学』松浦俊輔訳、ランダムハウス講談社、2007年

サスキンド、L.（2009）『ブラックホール戦争』林田陽子訳、日経BP社、2009年［物理学と情報の関係を知るために］

ラプラス、P. -S.（1997）『確率の哲学的試論』内井惣七訳、岩波文庫、1997年［「ラプラスのデモン」について、詳しくはこれを参照］

内井惣七 (1989)『真理・証明・計算——論理と機械』ミネルヴァ書房、1989年［チューリングマシンのプログラムについて、詳しくはこれを参照］

—— (2005)『アインシュタインの思考をたどる』ミネルヴァ書房、2004年［2005年の第2刷で訂正追加。科学哲学研究者のための相対論と時空論］

—— (2006a)『空間の謎・時間の謎』中公新書、2006年［著者のライプニッツ研究の最初の成果を含む、時空の哲学］

—— (2006b)「ライプニッツ-クラーク論争から何を読みとるか」『科学哲学科学史研究』1、1-12、京都大学文学部科学哲学科学史研究室、2006年

2. 欧米語文献

Adams, R. M. (1994) *Leibniz: Determinist, Theist, Idealist*, Oxford University Press, 1994.

Aiton, E. J. (1985) *Leibniz, a Biography*, Adam Hilger, 1985.

Alexander, H. G., ed. (1956) *The Leibniz-Clarke Correspondence*, Manchester University Press, 1956.

Antognazza, M. R. (2009) *Leibniz: An Intellectual Biography*, Cambridge University Press, 2009.［最新のライプニッツ伝記］

Ariew, R., and Garber, D., eds. and trans. (1989) [abbreviated as **AG**] *G. W. Leibniz, Philosophical Essays*, Hackett, 1989.［ライプニッツのテキスト、信頼できる英訳］

Arthur, Richard T. W. (1985) "Leibniz's Theory of Time," in Okruhlik and Brown (1985), 263–313.

—— (2014) *Leibniz*, Classic Thinkers, Polity Press, 2014.［現在、最良の入門書］

Barbour, J. B., and Bertotti, B. (1982) "Mach's Principle and the Structure of Dynamical Theories," *Proceedings of the Royal Society of London* 382 (1982), 295-306.［著者たちの「関係説力学」の展開、相対論まで］

Barbour, J. B. (1995a) "Mach before Mach," in Barbour and Pfister (1995), 6-8.

Barbour, J. B. (1995b) "General Relativity as a Perfectly Machian Theory," in Barbour and Pfister (1995), 214-236.

Barbour, J. B. (2000) *The End of Time*, Phoenix, 2000.［初版は1999年だが、追加と

訂正のあるこの2000年版を使う。ユニークな時空論〕

Barbour, J. B. (2001) *The Discovery of Dynamics*, Oxford University Press, 2001.〔分厚いが読みやすい動力学の歴史〕

Barbour, J. B., and Pfister, H., eds. (1995) *Mach's Principle*, Birkhäuser, 1995.

Bertoloni Meli, D. (1993) *Equivalence and Priority: Newton versus Leibniz*, Clarendon Press, 1993.〔ライプニッツの力学と惑星運動論、必読文献〕

Burks, A. W., ed. (1970) *Essays on Cellular Automata*, University of Illinois Press, 1970.〔フォン・ノイマンの細胞オートマトンについて、必読文献〕

Cover, J. A. (1997) "Non-Basic Time and Reductive Strategies: Leibniz's Theory of Time," *Studies in History and Philosophy of Science Part A* 28 (1997), 289-318.

Davis, M. (2011) *The Universal Computer,* Turing Centenary Edition, CRC Press, 2011.

De Risi, Vincenzo (2007) *Geometry and Monadology: Leibniz's Analysis Situs and Philosophy of Space,* Birkhäuser, 2007.〔ライプニッツの状況分析と空間論について必読文献〕

Earman, J. (1989) *World Enough and Space-time*, MIT Press, 1989.

Earman, J., Janssen, M., and Norton, J., eds. (1993) *The Attraction of Gravitation*, Birkhäuser, 1993.

Einstein, A. (1905a) "On the Electrodynamics of Moving Bodies," *Annalen der Physik* 17 (1905), reprinted in *The Collected Papers of Albert Einstein* 2, Princeton University Press, 1987,

140-171.〔この著作集は **ECP** と略記〕

Einstein, A. (1905b) "Does the Inertia of a Body Depend upon Its Energy Content?" *Annalen der Physik* 18 (1905), reprinted in *The Collected Papers of Albert Einstein* 2, 172-174.

Einstein, A. (1952) *Relativity, the Special and the General Theory*, Three Rivers Press, 1961. (Original edition in German, 1917, and this translation is 15th ed., 1952)

Friedman, M. (1983) *Foundations of Space-Time Theories*, Princeton University Press, 1983.

Garber, D. (1985) "Leibniz and the Foundations of Physics: The Middle Years," in Okruhlik and Brown (1985), 27-130.

—— (1995) "Leibniz: Physics and Philosophy," in Jolley (1995), 270-352.

—— (2009) *Leibniz: Body, Substance, Monad*, Oxford University Press, 2009.

Gerhardt, C. I., ed. [abbreviated as **GM**] *Leibnizens mathematische Schriften*, 7 vols., A. Asher, 1849-1863.

Gerhardt, C. I., ed. (1860) *Briefwechsel zwischen Leibniz und Christian Wolff*, H. W. Schmidt, 1860.

Gerhardt, C. I., ed. [abbreviated as **GP**] *Die philosophischen Schriften von Gottfried Wilhelm Leibniz*, 7 vols., Weidmann, 1875-1890.

Hacking, I. (1985) "Why Motion Is Only a Well-Founded Phenomenon," in Okruhlik and Brown (1985), 131-150.

Howard, D., and Stachel, J., eds. (1989) *Einstein and the History of General Relativity*, Birkhäuser, 1989.

Jolley, N. ed. (1995) *The Cambridge Companion to Leibniz*, Cambridge University Press, 1995.

Loemker, L. E., tr. and ed. (1969) [abbreviated as **Loemker**] *Gottfried Wilhelm Leibniz, Philosophical Papers and Letters*, 2nd ed., Reidel, 1969. ［ライプニッツ研究のための必読英訳文献だが、ときに誤訳もあるので注意］

Lynden-Bell, D. (1995) "A Relative Newtonian Mechanics," in Barbour and Pfister (1995), 172-178.

Mach, E. (1960) *The Science of Mechanics*, Open Court, 1960.

Magueijo, J. (2003) *Faster than the Speed of Light*, Penguin Books, 2004.

Mates, B. (1986) *The Philosophy of Leibniz: Metaphysics and Language*, Oxford University Press, 1986.

Misner, C. W., Thorne, K. S., and Wheeler, J. A. [Misner et al.] (1973) *Gravitation*, Freeman, 1973. ［アインシュタインの重力理論について、分厚い必携書］

Newton, I. (1962) *Sir Isaac Newton's Mathematical Principles of Natural Philosophy*, trans. by A. Motte and ed. by F. Cajori, University of California Press, 1962.

Okruhlik, K., and Brown, J. R., eds. (1985) *The Natural Philosophy of Leibniz*, The University of Western Ontario Series in Philosophy of Science, Reidel, 1985.

Rescher, N. (1991) *G. W. Leibniz's Monadology*, University of Pittsburgh Press, 1991.

Rutherford, D. (1995a) "Metaphysics: The Late Period," in Jolley (1995), 124-175.

Rutherford, D. (1995b) *Leibniz and the Rational Order of Nature*, Cambridge University Press, 1995.

Sabra, A. I. (1981) *Theories of Light, from Descartes to Newton*, Cambridge University Press, 1981.

Smith, J. E. H. (2011) *Divine Machines: Leibniz and the Sciences of Life*, Princeton University

Press, 2011.

Smith, J. E. H., and Nachtomy, O., eds. (2011) *Machines of Nature and Corporeal Substances in Leibniz*, Springer, 2011.

Smolin, L. (2001) *Three Roads to Quantum Gravity*, Basic Books, 2001.

Taylor, E. F., and Wheeler, J. A. (1992) *Spacetime Physics: Introduction to Special Relativity*, 2nd ed., Freeman, 1992.

Taylor, E. F., and Wheeler, J. A. (2000) *Exploring Black Holes*, Addison Wesley Longman, 2000.

Thatcher, J. W. (1970) "Self-Describing Turing Machines and Self-Reproducing Cellular Automata," in Burks (1970), 103–131.

Turing, A. M. (1936) "On Computable Numbers, with an Application to the Entscheidungsproblem," *Proceedings of the London Mathematical Society*, ser. 2, 42 (1936), 230–267.

Uchii, S. (2009) "An Informational Interpretation of Monadology," in *Logic, Methodology and Philosophy of Science, Proceedings of the 13th International Congress* (ed. by Clark Glymour, Wang Wei, and Dag Westerståhl), College Publications, 2009, 344–353. (Pdf version, PhilSci-Archive 4635)

―― (2014a) "Monadology, Information, and Physics, Part 1: Metaphysics and Dynamics," PhilSci-Archive 10599

―― (2014b) "Monadology, Information, and Physics, Part 2: Space and Time," PhilSci-Archive 10704

―― (2014c) "Monadology, Information, and Physics, Part 3: Inertia and Gravity," PhilSci-Archive 10820

―― (2014d) "Monadology, Information, and Physics, Part 2 (revised): Space and Time," PhilSci-Archive 11088

―― (2014e) "Monadology, Information, and Physics, Part 3 (revised): Inertia and Gravity," PhilSci-Archive 11125

―― (2015a) "Monadology and Music," PhilSci-Archive 11365

―― (2015b) "Monadology and Music 2: Leibniz's Demon," PhilSci-Archive 11395

―― (2015c) "Leibniz's Theory of Time," PhilSci-Archive 11448

―― (2015d) "Monadology, Information, and Physics, Part 1: Metaphysics and Dynamics (revised)," PhilSci-Archive 11523

―― (2015e) "Monadology, Information, and Physics, Part 2: Space and Time (revised)," PhilSci-Archive 11647［以上の英語論文が本書の母体］

Vailati, E. (1997) *Leibniz and Clarke*, Oxford University Press, 1997.

Wang, H. (1957) "A Variant to Turing's Theory of Computing Machines," *Journal of the Association for Computing Machinery* 4 (1957), 63–92.

Wheeler. J. A. (1998) *Geons, Black Holes, and Quantum Foam*, W. W. Norton, 1998.
　［物理学と情報の関係について、参考になる］

―― (1999) *A Journey into Gravity and Spacetime*, Scientific American Library, 1999.
　［相対論研究に多大な貢献をしたホイーラー晩年の傑作］

索　引

原則として、その語が出てくる節の番号と、括弧内にページ番号を示す。重要な箇所は、節あるいはページの表示を太字にして強調する。なお、見出しのキーワードが現れないページにも言及しているのは、そのキーワードと密接な関係がある文脈を示すためである。

1. ライプニッツの著作、および密接に関わりのある他者の著作

「デカルトらの顕著な誤謬」（1686）　6節（29-30）
『形而上学叙説』（1686）　1-2節（15-21）、44節（128）
「天体運動の原因についての試論」（1689）→「惑星運動論」
「惑星運動論」　1節（15）、16節（50）、23節（64）、**72節（219-222）**
惑星運動論の「第二稿」（1689-1690?）　73節（222-224）
「動力学試論」（1695）1節（16）、10節（34）、**13節（39-43）**、**19-23節（57-65）**、72節（221）
「実体の本性と相互の交渉、および心身の結合についての新説」（1695）→「新説」
「新説」　1節（15）、**4-5節（23-28）**、20節（59）、24節（66）
「物体と力について、デカルト主義者批判」（1702）　**6-8節（29-32）**、14節（45）
「『天体運動の原因についての試論』の解説」（1706）　16節（51）、73節（222-223）
『弁神論』（1710）　1節（17）、68節（191）
『モナドロジー』（1714）　1節（17）、**24-26節（66-73）**、**31-35節（85-98）**、
　第1部への注記2（110）、休憩章（195-202）、76-77節（238-242）
「数学の形而上学的基礎」（1714）　1節（17）、14節（44-46）、45節（128）、
　47-50節（134-145）、54節（156）、**56-59節（159-167）**、60-61節（169-173）、
　第2部への注記1、2（194）
「ライプニッツ―クラーク往復書簡」（1715-1716）　1節（17）、40節（115-119）、
　43節（123-124）、**46節（131-132）**、71節（213）、**73節（225-226）**

255

ニュートン『自然哲学の数学的諸原理』(1687)　→『プリンキピア』
『プリンキピア』　1節(15-17)、**12**節(37-38)、71節(213-214)、72節(219)
ラプラス『確率の哲学的試論』(1814)　35節(97)
ベルトローニ・メーリ *Equivalence and Priority*(1993)　**16-17**節(50-53)、18節(56)、
　72節(219-220)、**73**節(222)、**74**節(229-232)、76節(237-239)
内井惣七『空間の謎・時間の謎』(2006)　まえがき(6)、13節(41)、
　40節(115-116)、65節(183)、71節(214)
デ・リージ『幾何学とモナドロジー』(2007)　まえがき(4)、14節(44)、
　40節(115-119)、**43**節(123-125)、**44-45**節(126-129)、59節(166)

2.　事　項

あ　行

アニマ　3節(41-42)、21節(61)、25節(70)、以後多数
一般相対性理論　→相対性理論
一般共変性　69節(208-210)
インペタス　3節(39-42)、14節(46)、以後多数
海鳴り　33節(91-93)
運動の軌跡(経路)　57節(161-164)
　　――は同時存在しうる　**58**節(164-165)
運動の相対性　19-20節(57-60)、22節(62)、60節(168-169)、66節(184-186)
エーテル　18節(55)、34節(95)、35節(98)、37節(104)、63節(178)、
　72-73節(220-228)、74節(230-232)
エーテル照射(重力の扱い)　73節(222-228)、75節(234)
エネルギー　1節(17)、6節(29)、17節(53)、65節(181-183)→活力、仕事
　運動――16節(49-50)、第1部への注記3(111-112)
エンテレキー　13節(41)、25節(70)、以後多数
オートマトン(魂の、形相の、非物質的)　4-5節(23-25)、24節(66)

か 行

外延（広がり、延長）　2節（18）、6-7節（30-31）、10節（35）、14節（45）

解析力学　68節（191）、75節（234）

ガウス座標　66節（187）、69節（208-209）

活力（vis viva）　→ 力

　　——の保存　19節（57）、21-22節（60-64）、78節（245）

神の機械　15節（47）、31節（86）、33節（91-94）

関係説力学　65節（183）、67節（189）

慣性　6節（30）

慣性（派生的受動力）　13節（39-42）

慣性運動　13節（40-41）、**14-15**節（44-48）、以後多数、57-59節（163-167）、
　　61節（172）、62節（176）

慣性質量　6節（30）、13節（40）

慣性の法則　**12**節（37）、**13-14**節（40-47）、38節（105-106）、以後多数、
　　57節（163-164）、59-60節（166-168）、66-67節（184-190）、
　　71-72節（213-221）、**73**節（226-229）、75節（233-234）

　　——の相対化　71-72節（213、217-219）、**73**節（226-229）、75節（234）

機械論哲学　6節（29）、9節（33）、62節（174）

求心力（引力）　71節（216）、72節（220-221）

共存の秩序（関係）　40節（116、118）、53節（154）

空間の基盤　40節（117）、42節（123）、**45**節（128）、75節（233）

継起の順序（秩序）、状態の順序　44節（127）、45-46節（128-132）、47節（138）、
　　48節（140-141）、50節（145）

計算可能性　28節（75、79）

形而上学的経験主義　78節（245）

形相　2節（19）、3-5節（**21-25**）、13節（41）

現象　**5**節（25-28）、13節（42）、26節（72-73）、そのほか多数

現象のコード　$Ph(W), Ph(R(W))$　51節（147-148）

光速可変理論　64節（179-180）

光速度一定の原理　60節（168）、62節（175）、63節（178）

合同と相似　40-41節（118-119）、42節（122）、56-57節（161-164）

古典的時間　61節（171-173）

コード、コード化、コーディング　まえがき（5）、**5節**（26-28）、**28節**（75-77）、29節（81）、35節（98）、45節（130）、55節（157-158）、62節（176）

コードとプログラム　**28節**（77）、29節（80-81）

コードとメトリック　45節（130）、50節（145）、54節（156）

コードの解読、プログラムの解読　37節（103）、64節（181）、78節（243-246）

個別的実体　2節（18-20）

さ　行

最適化原理　68節（190-192）、73節（228-229）、75節（233-234）

細胞オートマトン、細胞空間
　　フォン・ノイマンの――　**31節**（86-87）、35節（96）
　　ライプニッツの――　**31-35節**（86-98）、62節（174）　→自然のオートマトン、組織的機械

サブプログラム　29節（80）、32節（89）

作用を及ぼす・及ぼされる　**24-26節**（66-73）、**32節**（89-90）

時間の基盤　42節（123）、**45節**（128-131）、46節（133）、47節（136-138）、48節（139）、50節（144）、60節（169）、75節（233）

時間の不可逆性　61節（173）

仕事　16節（50）、第1部への注記3（111-112）　→エネルギー

自然のオートマトン　31節（86）、35節（96）

持続の合同　56-57節（159-164）

実体　2-3節（18-22）、以後多数　→モナド

質と量、質的と量的　**14節**（45）、42節（122）、45節（130）、46節（132）、56節（160）

質料　2-3節（19-22）、13節（41-42）
　　原初的（第一）――　13節（41-42）
　　二次――　13節（41-42）

重心、重心系　22節（62-63）

充満（した世界）　18節（55）、31節（87）、**34-35節**（95-98）

重力の扱い（ライプニッツ）　**72-74節**（219-232）

「重力力線」　34節(96)、73節(222-225)　→ エーテル照射

出力関数　4節(23-24)

循環宇宙　52節(150-151)

準同型写像(部分的同型性)　**13**節(39)

状況(situs)　14節(45)、40節(118)、以後多数

状況分析　1節(16)、**14**節(44-47)、**40**節(115-119)、41-43節(119-125)、以後多数

状態(モナドの)　**5**節(25-28)、24節(67)

情報の保存　21節(61)、36節(99)

(推測1)［慣性の法則の相対化について］　72-73節(219-229)、75節(232)

(推測2)［弾性力の分布と重力について］　74節(229-232)、75節(232)

死力　→ 力

世界状態 (W)　49-50節(142-144)、51節(147)、以後多数、75節(233)

絶対空間　11-12節(36-37)

　ニュートンの ──　11-12節(36-37)、43節(124)、59節(167)
　66節(184-185)

　ライプニッツの ──　43節(124)

絶対時間　11-12節(36-37)、59節(167)

セルラー・オートマトン　15節(48)　→ 細胞オートマトン

遷移関数　4-5節(23-27)、**25**節(69-70)、**36**節(99-102)、休憩章2節(199)

　──とプログラム(の関係)　**31**節(85-86)

全体活力　→ 力

相対性、相対性原理　**60**節(168)、**69**節(207-211)

相対性理論

　一般 ──(重力理論)　41節(120)、48節(142)、69節(208-211)、
　70節(211-213)、74節(230-231)、75節(235)

　特殊 ──　18節(56)、第1部への注記1(109)、48節(142)、60節(168-171)、
　62-65節(173-183)、75節(233)

相対論的時間　62-64節(173-181)　→ 特殊相対性理論

測地線　73節(227-228)

組織的機械　13節(41-42)　→ 神の機械、自然のオートマトン

「そそのかし」(sollicitatio)　16節(50)、23節(64)、72節(221)　→努力

た　行

弾性衝突(運動)　**20-22節**(58-64)、37節(103-104)、**39節**(107-108)、62節(175)、74節(229)

知覚(モナドの)　**5節**(25-28)、24-26節(67-71)

　判明な——、混濁した——　25節(68-70)、**33節**(91-94)

知覚のコード $R(W)$　51節(147)

力　6節(29-30)、以後多数

　ニュートンの——　**10-12節**(34-38)、13節(41)、14節(46)

　ライプニッツの——

　原初的、派生的　13節(39-43)、**42**、16節(50)、21節(61-62)、38節(106)

　能動的、受動的　13節(39-43)、**42**、21節(62)

　活力、死力　**16-18節**(49-56)、第1部への注記3(111-112)

　全体活力、部分活力　**18節**(54)、**65節**(182-183)

力と実体界の知識　**19節**(57)

チューリングマシン　4節(24)、**28-30節**(75-84)

調和回転　72節(220-221)

等価原理　70節(211-213)

同時性　47節(136-138)、48-49節(139-143)、50節(144)、58節(164-165)、61節(172)

　——の基盤　**48節**(139-140)、**50節**(144)、60節(169)

　——の相対性　60節(169-170)、62節(175-177)

　——の面　48節(142)、62節(177)

同時存在の秩序　44節(127)、45節(128-130)、62節(177)　→共存の秩序

特殊相対性理論　→相対性理論

努力(conatus)　9節(33)、10節(35)、13節(40)、16節(50)、23節(64)、59節(166-167)、72節(221)　→「そそのかし」

な　行

内部エネルギー　18節(54-56)、65節(182-183)、74節(229-231)

内部状態　4節（23-24）

二重解釈　**48-50節**（139-145）、第2部への注記1（194）

ニュートンのバケツ　69節（207）、71節（213-214）

能動と受動　3節（21-22）、13節（39-42）、**24-27節**（66-73）、31節（86、88）、**32節**（89-90）、37節（102-103）

は　行

場所　40節（116-119）

万能計算（機）　まえがき（5）、28節（75）、30節（83）

微小知覚　33節（91-94）

微分幾何学　41節（119）、66節（187）

不可入性　6-7節（30-31）

不可入性（派生的受動力）　13-14節（39-42）

物体的実体　13節（41）、31節（88）

部分活力　→力

部分的同型性（部分的な対応関係）　5節（26）、13節（39-41）、**21節**（61-62）、**37節**（103-104）、38節（106）、46節（132）、47節（135）、48節（139）、55節（157）、63節（178）

不変構造（情報）　53節（152）、60節（169）、63節（178）、休憩章1節（197）、同2節（200）、同3節（203）、73節（229）、75節（233、235）、77節（240）

不変量　66節（187）、69節（210）、70節（212）、71節（217）

プログラム
　チューリングマシンの——　**28-30節**（75-84）
　神の——　**31-33節**（85-94）

ホモゴニー　**56節**（159-161）、57節（162）

ま　行

ミンコフスキ空間　41節（121）、62節（176-177）、64節（180）

無限分割可能性（物質、空間の）　15節（48）、31節（88）、39節（108）、45節（132-133）→連続性の原理

メトリック　41節（119-121）、60節（168）、61節（172）、62節（175）

古典的時間の―― 61節（172）

　　ユークリッドの―― 41節（120-121）

　　ローレンツ―― 41節（121）、60節（169）、62節（176）、63節（178）、
　　64節（180）

メトリックとコード　54節（155-156）、61節（172）、75節（233）

モナド　4節（24）→『モナドロジー』

　　――のグレード　25節（68-71）、64節（179）、75節（233）

モナド界のモデル　51-54節（146-156）

や　行

有限オートマトン　4節（23）、28節（76）

ユークリッド幾何学（空間）　41-42節（120-122）、43節（125）、59節（166-167）、
　　60節（168）、62節（174）、66節（185、187）、67節（189）

欲求（モナドの）　**26節**（71-73）、31節（85）

予定調和　2節（20）、5節（27）、休憩章2節（198-200）

ら　行

ライプニッツのデモン　25節（71）、35節（96-98）、36-37節（101-102、104）、
　　62節（175）、64節（179-181）、75節（233）

ラプラスのデモン　35節（97）

リカージョン　28節（78）、29-30節（80-84）

　　――のリカージョン　**30節**（81-84）、以後多数

量子論、量子力学　第1部への注記1（109-110）

連続性の原理　16節（50）、19節（57）、46節（132）、53節（154）、56節（160）

3.　人　名　（アルファベット名は最後）

あ行・か行

アインシュタイン（Albert Einstein）　まえがき（5）、18節（56）、
　　60節（168、170-171）、62-63節（175-178）、65節（182）、69-70節（207-213）、

71節（218）

アーサー（Richard T. W. Arthur）　9節（33）、47節（134-138）、51節（149）

アダムズ（R. M. Adams）　8節（32）、38節（106）

アリストテレス（Aristotéles）　2節（19）、9節（33）、73節（227）

アルノー（Antoine Arnauld）　1節（17）、2節（20）

ヴォルフ（C. Woff）　8節（32）、38-39節（106-107）

エイトン（E. J. Aiton）　10節（34）、68節（192）

エルンスト・アウグスト（ハノーファーでの第二の主君）　1節（17）

オイラー（Leonhard Euler）　65節（183）

カヴァー（J. A. Cover）　47節（134、138）、49節（142-143）、51節（149）

ガウス（K. F. Gauss）　41節（120）、66節（187）、69節（209）

ガーバー（Daniel Garber）　10節（34）、76節（236-239）

ガリレオ（Galileo Galilei）　16-17節（51-53）、57節（163）、58節（165）、59節（167）、73節（227）

クチュラ（L. Couturat）　76節（236）

クラーク（Samuel Clarke）　40節（115）　→「ライプニッツ-クラーク往復書簡」

ゲオルク・ルートヴィヒ（ハノーファーでの第三の主君、後のイギリス王ジョージ一世）　1節（17）

ケプラー（Johannes Kepler）　72節（220-221）

公妃ゾフィー（エルンスト・アウグストの妃）　1節（17）

さ行・た行・な行・は行

サスキンド（L. Suskind）　78節（246）

シェーンボルン（マインツの選帝侯）　1節（16）

シュリック（M. Schlick）　69節（208）

セール（Michel Serres）　76節（237）

ゾフィー・シャルロッテ（プロイセン王妃）　1節（17）

チューリング（A. M. Turing）　4節（24）、28節（75）

デカルト（René Descartes）　2節（18）、6節（29-30）、以後多数、73節（227）

デ・フォルダー（Burchard de Volder）　13節（41）、16-17節（52-53）

デ・リージ（V. De Risi）　まえがき（4）、14節（44）、40節（115-116）、43節（123-

125)、44節（126-129）、56節（161-162）

中込照明　第1部への注記1（109）

西谷裕作　第1部への注記2（110）

ニュートン（Isaac Newton）　1節（15-17）、10-12節（34-38）、以後多数、59節（167）、73節（227）

バークス（A. W. Burks）　31節（86）

バッハ（Johann Sebastian Bach）　休憩章2節（199-200）

バーバー（Julian Barbour）　19節（58）、22節（62）、65-68節（183-190）、71節（216）

ハミルトン（W. R. Hamilton）　65節（183）

ファラデー（Michael Faraday）　34節（95-96）、73節（225）

フェルマ（Pierre de Fermat）　68節（192）

フォン・ノイマン（John von Neumann）　15節（48）、31節（86-87）、35（96）

ベルトローニ・メーリ（D. Bertoloni Meli）　16-17節（50-53）、18（56）、72節（219）、73節（222）、74節（229-232）、76節（237-239）

ベルヌーイ（Johann Bernoulli）　73節（224）

ベルヌーイ（Jacob Bernoulli）　74節（231-232）

ボイネブルク（男爵）　1節（16）

ホイヘンス　1節（16）、19-20節（57-58）、**22節**（62-64）、59節（167）、62節（175）、**71節**（214-218）、72節（221）、73節（223-225、227）

ホイーラー（J. A. Wheeler）　74節（231）、78節（246）

ホッブズ（Thomas Hobbes）　9節（33）

ま行・や行・ら行・わ行

マクガイア（J. E. McGuire）　47節（134）

マクスウェル（J. C. Maxwell）　34節（95）

松王政浩　第1部への注記1（109）

マッハ（Ernst Mach）　59節（167）、65節（183）、67節（188-189）

ミンコフスキ（H. Minkowski）→ ミンコフスキ空間

モファット（J. W. Moffat）　64節（180）

ヤコービ（C. G. J. Jacobi）　65節（183）

横山雅彦　第1部への注記2（110）

ヨハン・フリードリヒ（ハノーファーでの最初の主君）　1節（16）

ライヘンバッハ（Hans Reichenbach）　69節（208）

ラグランジュ（J.-L. Lagrange）　65節（183）

ラッセル（B. Russell）　47節（134）、76節（236）

ラプラス（Pierre-Simon Laplace）　35節（97）、65節（183）

リーマン（B. Riemann）　41節（120）、66節（187）

レッシャー（N. Rescher）　47節（134）

レーマー（O. C. Rømer）　62節（175）

ローレンツ（H. A. Lorentz）　41節（121）

ワン（Hao Wang）　28節（77）

アルファベット

Alexander, H. G. →「ライプニッツ―クラーク往復書簡」

Antognazza, M. R.　9節（33）、10節（34）、28節（75）

Ariew, R.　目次（12）

Davis, M.　28節（75）

Gerhardt, C. I.　目次（12）

Kretschmann, E.　69節（208）

Magueijo, J.　64節（180）

Sabra, A. I.　73節（223）

Smolin, L.　78節（246）

装丁・本文組　細野綾子

内井惣七（うちい・そうしち）

1943年、高松市に生まれる。1965年、京都大学工学部精密工学科卒業。1967年、京都大学文学部哲学科卒業、京都大学人文科学研究所助手。1968-1971年、ミシガン大学に留学、Ph. D 取得。大阪市立大学文学部助教授を経て、1990年、京都大学文学部倫理学教授。1993年、科学哲学科学史新設により配置換え、2006年、定年退職、名誉教授。2008-2011年、国際学会「論理学、方法論、科学哲学（IUHPS, DLMPS）」の第一副会長。著書に、『シャーロック・ホームズの推理学』（講談社現代新書、1988年）、『真理・証明・計算——論理と機械』（ミネルヴァ書房、1989年）、『科学哲学入門』（世界思想社、1995年）、『進化論と倫理』（世界思想社、1996年）、『アインシュタインの思考をたどる』（ミネルヴァ書房、2004年）、『空間の謎・時間の謎』（中公新書、2006年）、『ダーウィンの思想』（岩波新書、2009年）などがある。

ライプニッツの情報物理学
——実体と現象をコードでつなぐ

〈中公叢書〉

著 者 内井惣七

2016年2月10日 初版発行

発行者 大橋善光

発行所 中央公論新社

〒100-8152 東京都千代田区大手町1-7-1
電話 03-5299-1730（販売）
03-5299-1840（編集）
URL http://www.chuko.co.jp/

印刷・製本 共同印刷

©2016 Soshichi UCHII
Published by CHUOKORON-SHINSHA, INC.
Printed in Japan ISBN978-4-12-004766-4 C1010
定価はカバーに表示してあります。

落丁本・乱丁本はお手数ですが小社販売部宛にお送り下さい。
送料小社負担にてお取り替えいたします。

本書の無断複製（コピー）は著作権法上での例外を除き禁じられています。
また、代行業者等に依頼してスキャンやデジタル化を行うことは、たとえ
個人や家庭内の利用を目的とする場合でも著作権法違反です。

― 中公叢書既刊より ―

文明の生態史観はいま　梅棹忠夫編

梅棹「文明の生態史観」は新しい世界像を独創し、日本人の古典となっている。本書は、その先見性を証し、「海洋史観」の川勝平太氏との対話などから、日本文明の未来像を打ち出す。

京　劇　――「政治の国」の俳優群像　加藤　徹著

時代の嵐は俳優たちの運命を翻弄した……。権力者の意思と役者の意地が舞台の外で繰り広げる白熱のドラマ。京劇に見る中国近現代史の知られざる一面。
第24回サントリー学芸賞受賞

高等教育の時代（上）（下）　天野郁夫著

二つの大戦に挟まれた二〇年足らずの間に、急速な「大衆化」へ向けて歩み始めた日本の高等教育。強い個性を持った多様な高等教育機関の生成・発展の過程の全貌を活写する。

「肌色」の憂鬱　――近代日本の人種体験　眞嶋亜有著

明治以降、「西洋化」を追求した近代日本は、人種的差異をどのように体験したのであろうか。タブー視されてきたその心性の系譜を、洋行エリートたちの人種体験を通して考察する。

大停滞の時代を超えて　山崎正和著

人類の文明史を一貫した流れとして捉える壮大な歴史理解を踏まえ、人びとが閉塞感に苛だちがちな現在、目の前に起こりつつある事象の本質を解き明かし、次代への指針を示す評論集。

― 中公叢書既刊より ―

最後の岸田國士論　　大笹吉雄著

岸田戯曲賞に名を残す岸田國士とは何者か。その多くの遺作群が上演されるたびに話題になるのはなぜか。真の岸田像を提出する画期的評伝。
芸術選奨文部科学大臣賞受賞

能を考える　　山折哲雄著

「判官びいき」とは？「翁」とは誰か？　谷崎、折口、和辻、柳田などの研究を手掛かりに能に潜む精神性をみつめ直し、世阿弥の企図や芸能の原点・伝承について新たな視点で問い直す。

會津八一　　大橋一章著

美術史家として、歌人・書家として、師なくして「学」と「藝」のふたつの世界をきわめた求道の文人の思索と研鑽の生涯をたどる本格的評伝。貴重写真等を多数収録。

政治勢力としての陸軍
――予算編成と二・二六事件　　大前信也著

満洲事変以降、国防の充実を最優先する陸軍は予算編成をめぐる紛糾や二・二六事件の混乱の中で、どのような政治行動をとったのか。昭和期陸軍の実態に光を当てる力作論考。

ウィーン大学生フロイト
――精神分析の始点　　金関　猛著

神経学者として出発し、様々な学問との出会いや交流を経て、心の研究に至った経緯を第一級史料から描く。精神分析創始者の青年時代における「知への探求」の軌跡が明らかになる。

―――― 中公叢書既刊より ――――

イタリアン・セオリー　岡田温司著

特異な歴史性をまとうイタリアは現代思想に独特の介入を続けてきた。観念よりも具体的な問題に取り組み、生政治、神学の世俗化、否定の思考等を巡る強力な思考が繰り広げられている。

中国人的性格　アーサー・H・スミス著　石井宗晧・岩﨑菜子訳

清末の中国に二〇年を越えて滞在したアメリカ人宣教師が、中国人の性格、民族性を驚くべき観察眼で描き出した古典的名著。今なお中国人、そして中国理解に資する重要文献の新訳。

シノワズリーか、ジャポニスムか　――西洋世界に与えた衝撃　東田雅博著

一九世紀後半から二〇世紀初頭の西洋で盛行したジャポニスムと、これに先行したシノワズリーは、どちらが彼の地の社会に根底的な影響を与えたのか。これまでの評価を再検討する。

「サル学」の系譜　――人とチンパンジーの50年　中村美知夫著

マハレでチンパンジー調査が始まってから半世紀。今西錦司、伊谷純一郎、西田利貞ほか、先達の試行錯誤をたどり、さらにチンパンジー社会の変化や、彼らと研究者との交流を描く。

大英帝国の親日派　――なぜ開戦は避けられなかったか　アントニー・ベスト著　武田知己訳

かつて同盟国だった日本とイギリスは、なぜ第二次大戦で戦火を交えることになったのか。英側史料の検証から双方の情勢分析の誤りを明らかにし、開戦前夜の外交戦に新たな光を当てる。